JAVIER DE LAS MUELAS

COCKTAILS & FOOD

Los nuevos cocktails de uno de los mejores bartenders del mundo maridados con recetas de los grandes chefs españoles del momento.

PLANETA GASTRO

Gracias a Lourdes, mi esposa, sin ella todo lo que contienen estos escritos no existiría. Ella me sostiene en la vida.

A mis hijos Adriana, Borja y Alejandro, fuente de cariño, fuerza y ánimo, y de los que continúo aprendiendo cada día.

Diseño y maquetación: Maya Rolando
Coordinación: Gema Moraleda

Primera edición: febrero de 2017

Av. Diagonal, 662-664, 08034 Barcelona (España)
Planeta Gastro es marca registrada por Editorial Planeta, S. A.
www.planetadelibros.com

ISBN: 978-84-08-16762-4
Depósito legal: B. 25.658-2016

Impresión y encuadernación: Talleres Gráficos Soler

Impreso en España – *Printed in Spain*

PRESENTACIÓN

No soy una persona especialmente nostálgica. No añoro el pasado ni lo idealizo, pero hay ocasiones en las que vale la pena detenerse un momento y mirar atrás para tomar impulso.

Este libro nace del deseo de compartir mi universo, mi forma de ser. De poder explicar mi forma ecléctica de entender la vida y de sentir la gastronomía. Por eso, además de las imprescindibles recetas, he querido incorporar aquí algunos de los muchos artículos que he publicado en distintas cabeceras periodísticas desde hace más de 20 años. En ellos hablo de mis referentes, mis gustos y, en definitiva, de la vida. La vida que, como yo la veo, es el mejor de los cocktails: un sumando de los mejores y más diversos ingredientes, que nos proporciona combinaciones infinitas.

Mi pasión por la hostelería (aún sin saberlo yo entonces) nació cuando tenía 3 años y mis padres me llevaban los sábados por la mañana temprano al Mercado de la Boquería de Barcelona para realizar la compra de la semana. Como premio, desayunábamos en el Bar Pinotxo, regentado por el gran Juanito. Joan Bayeu, Juanito para todos, gran persona, gran profesional, cariñoso y piropeador de buen gusto de toda mujer que se sentara en uno de sus taburetes o pasara por delante de su barra. Sin saberlo ni él ni yo, fue mi primer mentor.

Recuerdo aquellos correcalles pidiendo turno en las paradas de fruta, verdura, carne o pescado donde, de puntillas para que me vieran, esperaba a que llegaran mis padres. Aquellos encuentros, el bullicio, la algarabía de olores y voces cantadas forman parte de mi memoria; pescaderas con rostros cuidados, maquillados y coronadas con maravillosas y merengadas permanentes rubias, siempre a punto en sus puestos, en sus escenarios, con su hablar desenfadado y pícaro, ofreciendo mariscos y pescados. La visión de Ramón Cabau, personaje único, operístico, grande, valedor de un restaurante singular, Agut d'Avinyó, moviéndose por su Boquería.

Mi pasión siguió creciendo cuando con 6 años, a la salida del colegio, pasaba horas y horas en la bodega de enfrente de casa, Can Tarafa, ayudando a su dueño (más bien en un estorbar consentido) a vender vino a granel o trozos de hielo para las neveras. Si cierro los ojos vuelvo allí: el aroma de los toneles de madera, las conversaciones convertidas en piezas musicales, la mesa de mármol (la única que había) donde un cieguecito cada tarde se sentaba durante horas tomando un café y me hablaba de ópera y zarzuela, las frecuentes visitas que hacía un genial mecánico que alardeaba de convertir humildes Seat 600 en imbatibles Abarth mientras trasegaba un quinto de cerveza tras otro, los cortados de tres capas, las risas, ese ambiente que invitaba a charlar... Vida de barrio. Sant Andreu del Palomar. Mi barrio.

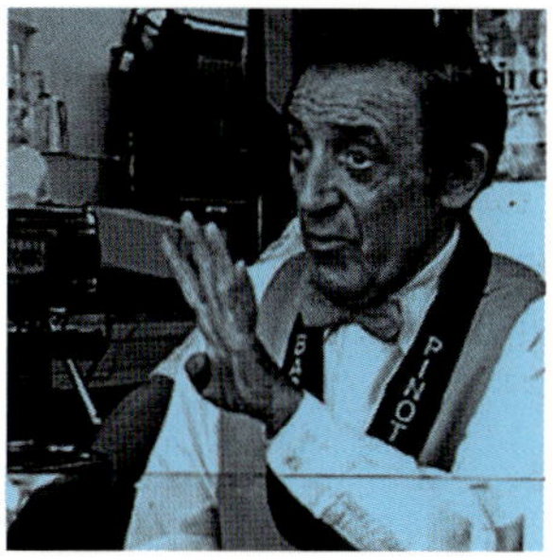

Todas estas experiencias dejaron en mí una huella imborrable que me ha traído hasta aquí, hasta este libro en el que se une todo,

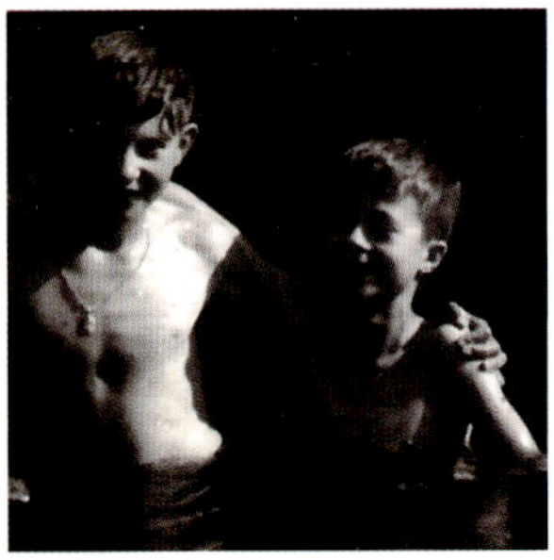

donde está presente la fascinación que, años después, sentía al salir de mi nuevo y céntrico colegio, los Escolapios de la calle Diputación, y ver a través de grandes cristaleras algunos establecimientos singulares que marcaron Barcelona: Oro del Rhin, Salón Rosa, Terminus, La Luna, La Puñalada. Me quedaba extasiado, embelesado, viendo a camareros y parroquianos representando el mejor de los ballets.

La misma huella que tiempo más tarde imprimieron en mí mis años como universitario. La carrera elegida fue medicina, y me inicié en el conocimiento de la psiquiatría (o más bien antipsiquiatría, que era lo que se llevaba en aquel momento). En la universidad descubrí el color de la vida. *Blow Up*, Dustin Hoffman, *Marathon Man*, Fellini, *El Padrino, Cowboy de medianoche*... Pero sobre todo, *El último tango en París*: libro de David Thompson, película de Bernardo Bertolucci, música de Gato Barbieri y un Marlon Brando inconmensurable. Aquella última escena: Brando, mirada nublada y perdida en el cielo, sabiéndose muerto tras recibir el tiro de la pistola que aún tiene en sus manos Maria Schneider, pega el chicle que mastica en la barandilla de la terraza donde se encuentran, mientras se le escapa la vida, mientras se le escapa el amor. Durante los primeros años de Nick Havanna, cada noche finalizábamos con un corte de esa película y música de Gato.

En la universidad también cambió mi aspecto: pelo más largo, pantalones acampanados, pero los zapatos siempre impecables y lustrados. Mi veneración por esta prenda viene de familia. Mi padre era maestro zapatero; los creaba a medida, moldeando las mejores pieles sobre hormas de madera con atención y mimo. Él me enseñó a apreciar y valorar la importancia de los pequeños detalles, lo que un oficio significa, y su humildad. Para mí, los zapatos dicen mucho de quien los lleva, de su forma de ser. Es signo de identidad. Llevarlos impecables y bien lustrados es un gusto y un detalle de distinción.

Pero, por supuesto, no fue mi aspecto lo único que cambió con mi llegada a la universidad. Allí descubrí un mundo nuevo, especial. Continué fascinado por los libros, por su olor, por su lectura: Edgar Allan Poe, Kerouac, Hermann Hesse, Flaubert, Tolstói, Turguénev, Dostoyevski... y por encima de todos: Franz Kafka. Visitaba casi a diario el bar Velódromo, próximo al Hospital Clínico, donde estudiaba, para tomar un café o maljugar al billar en alguna de sus mesas.

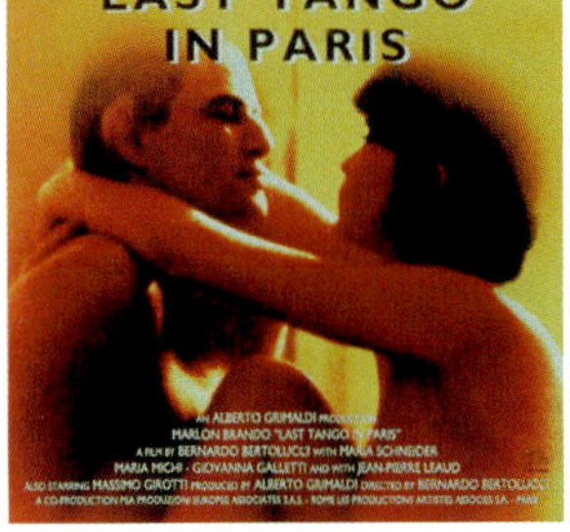

La música penetró en mi vida y también la contracultura de la época. Mayo del 68 y el movimiento hippie. California. Nuevos gestos, nuevas interpretaciones que rompían paradigmas establecidos. Jefferson Airplane, Janis Joplin, Jimi Hendrix, It´s a Beautiful Day, The Doors, The Flock, King Crimson, Pink Floyd, Lou Reed, Roxy Music, David Bowie. Y, por supuesto, el ambiente underground de Barcelona. Rambleando conocí a Ocaña, Mariscal, Nazario, Montesol, los hermanos Farriol. Yo vendía sus cómics (*El*

Rrollo Enmascarado, Diploma de honor) en bares de la parte alta y pija de la ciudad como La Enagua, Araña o Casino. Descubrí, claro está, Zeleste, Toti Soler, Sisa, Orquesta Mirasol, Canet Rock, mientras convivía con los primeros antecedentes de lo que sería la Movida Madrileña, con Ceesepe, El Hortelano, Paraíso, Alaska, Radio Futura o Mecano.

Momentos de disfrutar de bocadillos 3 estrellas en el frankfurt Conesa de la plaza Sant Jaume, y también del Born y sus bares, todos diferentes, todos únicos: Xampanyet, Míramelindo, Rodri, Lola, Born, Cal Pep, La Palma y Berimbau, un bar muy especial para mí, porque fue donde debuté como camarero durante 3 días sirviendo caipirinhas y batidas de cachaça.

Fue una época de cambios, de estudiar pero también de emprender pequeños negocios. Siempre he sido una persona inquieta a la que le ha gustado ganarse la vida y depender lo menos posible de los demás. Ya a los 7 años vendía tebeos en un puesto en la calle delante de casa. Tener autonomía económica te permite decidir en lo cotidiano en un mundo en el que siempre vas dirigido. En la universidad, me convertí en colaborador de promotoras de conciertos de música rock. Se me ocurrió de repente al oír una entrevista a un promotor musical de Madrid en «El clan de la una» de José María Pallardó en Radio Juventud, uno de mis programas favoritos. Sin dudarlo, llamé a la emisora para obtener su contacto y ofrecerme para trabajar con él. Tras esa conversación me convertí en delegado para Barcelona de Clip Promotores. Tiempo después empezaría a hacerlo para Gay Mercader, que fue el «culpable» de traer a los primeros grandes grupos que actuaron en nuestro país, de King Crimson a los Rolling Stones, pasando por Bruce Springsteen y un larguísimo etcétera.

Tiempo más tarde crearía junto a 2 amigos una empresa dedicada a pegar carteles: Difusió Cartell Blau. Nuestro primer cliente fue el Festival Grec de Barcelona, después llegarían todos los teatros de la ciudad, conciertos de música, cines y hasta partidos políticos. Puedo decir que, en aquella época, fuimos culpables de empapelar bastantes poblaciones españolas. Aquel trabajo me permitió ganarme la vida y conectar con el ambiente teatral y sus gentes, un mundo de creatividad inteligente, intérpretes, dramaturgos, pensadores y vividores profesionales.

Aquella era mi vida: estudio, trabajo, música, teatro y bares. Hasta que un día abrí la puerta de Boadas.

Allí descubrí que los bares son iglesias. Lugares de meditación y recogimiento. Espacios únicos envueltos por la música de las conversaciones. Ver oficiar a Maria Dolors Boadas fue una aparición. Un punto de inflexión en mi vida.

Al poco me hice asiduo también del Salón Marfil, donde acudía a estudiar en muchas ocasiones. Su ambiente inigualable de otra época me subyugó. Su ritual del té se convirtió en una liturgia más en mi vida.

Sin abandonar medicina, desde el primer curso me sentí muy atraído por la arquitectura, y empecé a asistir como oyente a la Escuela de Arquitectura de Barcelona acompañando a amigos míos que estaban matriculados. De hecho, mi primer viaje fuera de España a los 18 años fue una ruta en Interrail que me llevó hasta Finlandia para ver la obra de Alvar Aalto, y que siguió luego por Suiza y Francia para ver algunas de las geniales construcciones de Le Corbusier.

Explico todo esto porque son las notas de mi partitura, de mi forma de interpretar la vida, que se transmiten en la cotidianidad de mi oficio.

De los bares, lo que más me interesa son los ambientes creados y su poder como catalizador de las relaciones humanas. En los bares se ruedan películas de la vida, en blanco y negro o en color. Los bares constituyen la escenografía perfecta, muchas historias de amor se inician en ellos tras el clásico: «¿Por qué no quedamos para tomar algo?». Tras el sí, toca elegir muy bien el bar (iglesia), el barman (sacerdote) y el cocktail (ofrenda) con que nos vamos a iniciar.

Una tarde se me ocurrió buscar un local en el Born, el barrio por entonces más bohemio de Barcelona. La suerte, ingrediente imprescindible en la vida, me sonrió, y así fue como aquella misma tarde conocí a la propietaria de un bar que se jubilaba y quería traspasar su establecimiento. Ese local se convirtió en mi primer bar, el Gimlet.

Abrimos sin dinero, con una sola coctelera, sin taburetes, sin las chaquetillas blancas de cuello mao y botones dorados de ayudante de barra que tanto me gustaban; pero, eso sí, lo hicimos cargados de ilusión, ganas, pasión, con la energía de los veintipocos años y la complicidad de nuestros clientes amigos. Y dimos en el clavo con nuestra interpretación de lo clásico en clave moderna. Lo cierto es que por aquel entonces no teníamos ni idea de hacer cocktails, pero estudiamos, practicamos y volvimos a practicar y desde la inauguración los cocktails salieron siempre impecables. Debo agradecer a otro de mis maestros, Epi Vallejo, que escribiera un libro maravilloso que es con el que aprendí a mezclar: *Manual del barman*.

Era una época en la que todo estaba por hacer. Gente joven, guapa, necesitada de vivir y de demostrar todo lo que creaba. Mariscal, Miquel Barceló, Fernando Amat, Nuria Ribó, Eduardo Mendoza, Enrique Vila-Matas y tantos otros. Ahí se inició mi búsqueda, mi lucha por conseguir llegar a la excelencia, un bien inalcanzable. Entonces descubrí también el placer, no de alimentarme, sino de disfrutar con el comer y todo lo que rodea ese momento. Fue en Casa Isidro, que estaba a pocos metros del Gimlet. En los fogones oficiaba Antonio Ferrer, cocinero, escribidor y más cosas. Esa experiencia fue para mí iniciática. A los pocos meses abriría otro lugar especial: La Odisea. Allí, a la salida de Zeleste, nos despachábamos unos maravillosos huevos fritos con sus patatas, ajos y romero. Excelso. Más tarde llegarían Caballito Blanco, La Puñalada, El Raïm, Jaume de Provença, La Venta, Montse Guillén y los libritos de lomo y queso y deliciosos platos que oficiaba Pep Manubens en la barra de su mal llamado frankfurt (era mucho más). Con mi Mobylette pagada a plazos me desplazaba al que se convirtió en mi restaurante favorito: Neichel. ¡Qué espacio tan único! Moderno, lleno de luz, fresco, elegante y con sus maravillosos y únicos carros de quesos y postres. Maravilloso. Jean Louis Neichel, tras su paso por el primer Bulli, era el director de orquesta perfecto.

El descubrimiento de la cocina japonesa en Yamadory me mostró la sensibilidad de su cultura, la búsqueda de la perfección de los detalles. Algo japonés hay en mi alma.

Los bares forman parte de la vida de las personas. Lo comprendí aquella vez que un día, tomando un café en una barra, se me acercó otro cliente y me preguntó si yo era Javier de las Muelas. «Quiero darte las gracias, porque los bares y restaurantes que personas como tú creáis forman parte de Barcelona. En ellos he reído, me he enamorado, he llorado y ahora acudo con mis hijos. Formas parte de mi vida». Nos abrazamos, sonreí y le di las gracias.

Después del Gimlet, del que abrimos sucursal en la parte alta de la ciudad, llegó Nick Havanna. El proyecto implicaba realizar una gran obra e insonorizar el espacio de aquella antigua imprenta litográfica llena de columnas de hierro. Convoqué un concurso entre 4 equipos de arquitectos y elegí el proyecto de Eduard Samsó. Fui a hablar con el director de un banco para solicitar un crédito y poder instalar el aire acondicionado y recuerdo perfectamente el día como si fuera ahora. Era el día en que se iba a hacer pública la sede de la ciudad donde se celebrarían los Juegos Olímpicos de 1992. Yo estaba inquieto, sabía que era importante que Barcelona consiguiera la nominación, mi interlocutor estaba igual de inquieto que yo, así que convinimos rápidamente acercarnos al coche de él que estaba aparcado justo enfrente del local que sería Nick Havanna para poder conectar la radio y conocer el resultado. Cuando Samaranch pronunció la frase: «*À la ville de... Barcelona*» nos inundó la euforia y nos abrazamos para celebrarlo. A continuación, él me dijo: «No hace falta hablar más, tienes el crédito». La ilusión y el entusiasmo como único aval.

Nick Havanna no se parecía a nada que yo hubiera hecho antes. Abríamos todos los días de la semana siempre con gran afluencia de público, hasta 5.000 personas los viernes y sábados. En el techo había una cúpula por la que se colaba luz natural, con un péndulo creación del mago de la luz Ingo Maurer, pictogramas de Peret, el ilustrador, y un proyecto de identidad visual realizado con mi estimado Carlos Rolando. Teníamos un terrario con reptiles, un *videowall* de 30 monitores de televisión, un cocinero de sushi y sashimi que realizaba excelsos niguiris y cortes de pescado. Una guapísima señorita arropada con un

flamante abrigo rojo recibía en la puerta con la mejor de sus sonrisas y el personal llevaba elegantes uniformes negros con rayas blancas, y charreteras negras y plateadas según su rango. Los hombres vestían falda larga, las mujeres, pantalón. Cada día de la semana había un disc jockey distinto.

La inauguración fue en diciembre de 1986 y me abrió, entre otras, las puertas del nuevo parque de atracciones Tibidabo. Allí viví como responsable de gastronomía una época singular, de la que fui espectador privilegiado: el reinado de Javier de la Rosa y todo lo que conllevó.

Después de Nick Havanna, siguiendo la premisa de no copiar (ni siquiera a mí mismo) y de crear espacios con personalidad, abrí Casa Fernández, una propuesta distinta. Cocina a la vista y abierta ininterrumpidamente de 13.00 a 01.00 de la madrugada, mesa comunitaria y tapas. Un par de años después vendría también la recuperación del clásico Montesquieu.

Pero mientras todo esto ocurría, hacía ya años que había descubierto mi templo: el Dry Martini. Si Boadas era la catedral, Dry Martini era, sin duda, el Vaticano. El Dry Martini fue creación de Pedro Carbonell. Mi maestro. Él era originario de Vilanova i la Geltrú, pero había venido a Barcelona en busca del anonimato y la libertad que proporciona supuestamente la gran ciudad. Su primer negocio había sido el Magda, un bar situado justo enfrente del Liceo. Allí conoció a su mujer, que era cantante de ópera. Después de ser el responsable de bares del hotel Manila, creó su gran sueño, su obra maestra tras años de pensar y estudiar: Dry Martini.

Nada más abrir por primera vez su poderosa puerta de madera y atravesar su pesada cortina de terciopelo verde, caí rendido. Me enamoré de la barra, de su *mise en place* donde se oficiaban única y exclusivamente Dry Martinis. Liturgia, oficio, estilo y ambiente. Me convertí en feligrés habitual. Pedro Carbonell, discreto y sabio, tenía una pequeña habitación con baño en la trastienda del Dry, donde ahora se encuentra el privado del Speakeasy, y en muchas ocasiones se quedaba allí a pensar y descansar. Solía pasear por dentro del almacén, escuchando música clásica en su *walkman* y apuntando fórmulas encriptadas en las paredes con ideas que solo él conocía. Fue el primer maestro con teoría e ideología que tuve la oportunidad de conocer. Sus pasiones eran el Dry, la música y el Barça.

Una noche en la que me había tomado dos Martinis reuní el valor suficiente para pedir si era posible entrar en la trastienda a hablar con él. Hacía un tiempo que don Pedro había dejado de oficiar, porque consideraba que ya no estaba ágil, y yo sabía que no tenía hijos, así que con toda sinceridad y humildad le pedí que si un día decidía retirarse pensara en mí para continuar con su obra. Él no dijo nada y yo me fui de allí sin saber a qué atenerme.

La respuesta llegó dos años después, una tarde que yo estaba en el Dry y fue él quien pidió hablar conmigo. Entré dentro del santuario que era su despacho y me dijo: «Javier, lo que me propusiste hace un tiempo, ahora es el momento de hacerlo. Yo he traído el Dry Martini hasta aquí, pero tú eres la persona que lo tiene que llevar más alto». Y añadió que, si yo no aceptaba, no quería que nadie más continuara con su obra. Cerraría el bar y alquilaría el local para que abrieran allí una sucursal bancaria. Acordamos la operación en 48 horas. Su generosidad fue extraordinaria; con el bar heredé, entre otras cosas, la obra pictórica dedicada al Dry Martini y la colección de botellas antiguas que él había ido consiguiendo a lo largo de toda una vida. Firmamos la compra-venta con unos Dry Martinis en la notaría de mi amigo Bartolo Masoliver. Ese día en la calle llovía a raudales pero los Martinis fueron bien secos. Le entregué un juego de llaves para que pudiera abrir su casa cuando quisiera. Nunca las usó, pero siguió viniendo a diario a su bar (al Dry Martini) a pasear, a cenar, a charlar.

Me gusta la creación, la búsqueda y la reinvención constantes. Por eso hace años se me ocurrió crear maridajes entre cocktails y platos. Para mí, comer es una experiencia singular, algo que he aprendido, que he interiorizado a lo largo de mi vida. En ocasiones, haciendo kilómetros en una Honda 125 cc para ir a almorzar a Arzak solo; otras, descubriendo El Bulli en los últimos momentos allí de Neichel y los primeros de Juli Soler, la persona que dio una nueva y moderna interpretación a la cultura del servicio y que fue precursor de lo que vendría en pocos años: la genialidad que crearon él y Ferran Adrià. Un genio junto a otro genio. Únicos.

Todas esas comidas solo o en compañía de mi mujer, hijos y amigos en un sinfín de restaurantes. Momentos únicos. Saber que hay casas de comidas para comer a diario, otras para una vez al mes y algunas otras para hacerlo una vez al año. Como sucede con los vinos y las personas.

Por eso abrí también el Speakeasy, para rendir homenaje a una época, la de la Ley Seca, y poder llevar un paso más allá esta experiencia singular y maridarla con cocktails.

Así que cuando me planteé hacer un nuevo libro lo primero en lo que pensé fue en compartir mi idea de maridaje, no solamente con ustedes, los lectores, sino también con los cocineros que más admiro. Convertir el libro en un auténtico maridaje. En una fiesta. Pensé que era una oportunidad única que no podía dejar escapar.

Lo primero, y quizá lo más difícil, fue hacer la lista de cocineros, mi particular «carta a los reyes». Apunté los nombres de todos aquellos que admiro como personas y profesionales. Bastantes son viejos amigos y todos tienen una característica en común: su enorme talento.

El segundo paso consistía en elegir un cocktail para cada uno. Esta tampoco fue tarea fácil. Igual que las personas, cada cocktail es único y tiene su personalidad, así que el trabajo consistía en crear las mejores parejas, en asignar a cada chef aquel cocktail que, según mi opinión, mejor le representara. En maridar cocktails y chefs, antes de que ellos maridaran cocktails y platos.

Finalmente escribí a cada uno de ellos y les mandé la receta de la combinación por mí elegida con sus notas de cata para que pudieran probarla y les inspirase. Les invité a probarlos en la barra del Dry Martini, aunque las limitaciones de tiempo y distancia lo hacían imposible para algunos de ellos.

Y me senté a esperar con el nerviosismo de quien no sabe cómo acabará la aventura. No tuve que esperar. En menos de 48 horas empecé a recibir las primeras respuestas afirmativas que siguieron llegando como un goteo constante hasta completar el número de 52.

Cuando leo la lista casi no me la puedo creer: Carlos Abellán, Albert Adrià, Ferran Adrià, Andoni Luis Aduriz, Pedro Álvarez, Sergi Arola, Aitor Arregi, Juan Mari y Elena Arzak, Oriol Balaguer, Joan Bayén, Martín Berasategui, Josep M. Boix, Ricard Borràs, Jordi Butrón, Oriol Castro, Alberto Chicote, Iván Cruz, Jordi Cruz, Quique Dacosta, Rodrigo de la Calle, Manolo de la Osa, Christian Escribà, Romain Fornell, Xavier Franco, Ramón Freixa, Carles Gaig, Abraham García, Marc Gascons, Nandu Jubany, Ángel León, Juanjo López, Joan Manubens, Quim Márquez, Hideki Matsuhisa, Paco Pérez, Fernando Pérez Arellano, Fermí Puig, Fina Puigdevall, Albert Raurich, Joan Roca, Jordi Roca, Paco Roncero, Francesc Rovira, Carme Ruscalleda, Mario Sandoval, Ricardo Sanz, Pedro Subijana, Paco Torreblanca, los hermanos Torres y Jordi Vilà.

Su generosidad y cariño han hecho posible este libro y lo han convertido en algo especial, único e irrepetible para mí, como espero que lo sea para ustedes. Una auténtica celebración gastronómica llena de recetas increíbles, deliciosas, sofisticadas y también sencillas y sorprendentes firmadas por una constelación irrepetible de cocineros.

Mi desafío junto a mi equipo en estos últimos años ha sido dar un espacio máximo al cocktail en el mundo de la gastronomía y situarlo en hoteles de lujo de todo el mundo. Porque, si los bares son puntos de encuentro propicios, los hoteles son el máximo exponente de ese sentir. Por eso estoy ahí. Para seguir creando ambientes donde las personas puedan rodar películas inolvidables de su vida.

Dry Martini, un estilo de vida. Gracias por acompañarme.

Javier.

¡Ah! ¿Y de la carrera de medicina qué fue? Se diluyó en mí como si de un terrón de azúcar moreno se tratara.

BOSTON TOLEDO

BARCELONA

MADRID · LONDRES

SAN SEBASTIÁN

SAN LUIS POTOSÍ

RÍO DE JANEIRO

CHIANG MAI

CHIANG RAI

PRAGA

BALI

PALMA DE MALLORCA

GRANADA

LISBOA

BERLÍN · MÚNICH

SINGAPUR · CÓRDOBA

«Explico todo esto porque son mis ingredientes, las notas de mi partitura, el origen de mi forma de ver la vida.»

UNA SELECCIÓN DE ARTÍCULOS DE JAVIER DE LAS MUELAS

CÓMO PREPARAR COMBINADOS CON ÉXITO

Los cocktails son bebidas deliciosas que preparamos con cuidado y esmero, pero no debemos olvidar que casi siempre tienen contenido alcohólico. El cocktail es para saborearlo, para compartirlo con nuestra pareja o grupo de amigos y más que nunca en fiestas. El beber es signo de glamour; y el cómo bebemos, signo de distinción. Bebamos con prudencia, deleitándonos. Sin prisas. Las prisas son malas consejeras. Y no promueva el consumo de bebidas alcohólicas. El ser abstemio es una posibilidad, por eso no debe insistir cuando alguien no quiere beber.

Pregunte a sus invitados qué desean tomar, si les va bien lo que ha preparado o piensa preparar. No los ponga en un compromiso. Piense que hay cocktails sin alcohol deliciosos. A estos nunca hay que añadirles ningún ingrediente con graduación, podría sentar fatal tanto a abstemios como a las personas alérgicas al alcohol.

No use el hielo de la coctelera más de una vez, al batirlo aguaría el cocktail. En el vaso mezclador puede usarlo dos veces, siempre que trabaje con hielo tipo Scotsman y se trate del mismo combinado. Debe asegurarse de que la copa o el vaso son lo suficientemente grandes para contener el combinado preparado. Piense que las copas son copas, no bañeras.

Bata la coctelera con elegancia, de arriba abajo y de delante hacia atrás, entre 10 y 15 segundos, dependiendo del cocktail. Nunca bata bebidas gaseosas o convertirá su coctelera en una bomba con espoleta retardada.

Introduzca en la coctelera primero los zumos y el azúcar, remueva el contenido para mezclarlo bien y luego añada el resto de ingredientes: huevos, cremas y licores. Después agregue el hielo, cinco o seis cubitos bastarán. Tenga cuidado en no hacer más de tres cocktails: se aguarían.

En el caso del vaso mezclador, debe llenarlo de hielo y debe removerlo durante unos 15 o 20 segundos con la cucharilla. Sirva los destilados y licores de menor a mayor densidad.

Al servir los cocktails hágalo en plan escalera, de menos a más, llenándolos después en sentido inverso de más a menos. Así quedarán igualados no solo en su aspecto sino también en sabor y temperatura. Y no llene las copas hasta el borde, se le derramarán al servirlas o al beberlas.

Una vez preparados los combinados debe servirlos en una bandeja con un paño de hilo en la base para evitar que resbalen, y con buen equilibrio acercarse a los invitados, sirviendo, como es norma, primero a las señoras y siempre por la derecha. Lave la coctelera y el vaso mezclador solo con abundante agua, secándolos bien a continuación. El uso de detergentes conlleva el peligro de dejar sabores no deseados.

Las copas de cocktail puede guardarlas en el congelador (no lo haga si son de cristal muy fino, podrían estallar), así a la hora de oficiar las tendrá heladas.

¡Ah!, y sirva a sus invitados solamente aquellos combinados que usted haya probado y que sepa preparar perfectamente.

FUNDAMENTOS

Todo se inicia en el mágico mundo de los bares. Todo surge a través de ese cáliz del que en un momento de nuestras vidas bebemos, cuando nos iniciamos. Es ese compartir acodados en una barra cuando surgen las primeras impresiones, los contactos, es ahí donde muchas veces nos jugamos el futuro de nuestras relaciones, sean amorosas, de amistad o económicas.

Por eso, para mí, la auténtica liturgia se inicia en los bares. Esas iglesias, esas catedrales; referentes con sacerdotes que ofician; pasado y presente. Barmen con mayúscula, cuidadores de almas como Alex Kratena del Artesian de Londres o Charles Schumann en Múnich. Es revivir a Joe Turkel, el barman de El Resplandor, atendiendo a un enloquecido Jack Nicholson.

Desde siempre me ha gustado caminar por las ciudades, descubrir sus hoteles, restaurantes, bares. Signos de identidad. Ver cómo conversan, cómo se mueven sus gentes; esa es para mí la mejor forma de conocer una ciudad. Las reuniones en los bares son determinantes en las relaciones humanas. En una época donde regulan nuestras vidas más que nunca, debemos defendernos prodigando esos encuentros sociales.

El cuidado en el beber debe ser como en tantas facetas de la vida: inteligente, equilibrado, cualitativo, algo que depende de cada uno.

El mundo creativo, el del arte, siempre ha estado bautizado por la bebida: destilados, vinos, cocktails han acompañado a los grandes creadores de la humanidad: Jesucristo, Cleopatra, Miguel Ángel, Leonardo da Vinci, Picasso, Mies van der Rohe, Buñuel...

La coctelería en España, a mi entender, debe ser viajada e ilustrada. Hay que ser transgresores partiendo del conocimiento. Para crear e improvisar, uno debe saber. Estar abierto a nuevas tendencias y desterrar la imagen del cliente de bar como ese feligrés barrigudo, bebedor de barra, y también esa figura de camarero resabiado y trasnochado con el que en ocasiones nos encontramos. Atendamos a nuestros clientes, a nuestros feligreses, con sonrisa auténtica y acogedora.

Beber un cocktail en bares y restaurantes es de lo más glamouroso, y sitúa la coctelería como uno de los pilares de la gastronomía.

PARA UN BUEN BEBER Y UN MEJOR DESPERTAR

Nadie bebe alcohol solo por el mero placer de beber alcohol. Lo que se busca es que sea como la ofrenda que nos entrega el sacerdote, elemento de satisfacción, de unión, de alegría y fuente de inspiración.

Si sabemos que vamos a asistir a una jornada festiva y memorable, lo mejor es prepararse para ello. Una buena forma de empezar es tomarse un par de cucharaditas de aceite; como entiendo que esto puede resultar desagradable y recordar al trasnochado aceite de ricino, quizá sea mucho mejor comer unos buenos trozos de queso, unas lonchas de jamón ibérico, unos excelsos chicharrones o un vaso de cremosa leche de vaca.

Las copas deben tomarse sorbo a sorbo, y en caso de mucha sed lo mejor es beber previamente agua o un trago largo muy rebajado. Un Tom Collins es una buena opción: ginebra, zumo de limón, azúcar y un poco de soda para alargarlo.

Si empezamos con un Gin&Tonic o un Margarita, sigamos con lo mismo. Hay que tener en cuenta que las bebidas con gas suben a la cabeza más rápidamente. De vez en cuando, un vaso de agua milagrosa es muy útil y evita en gran medida dolores de cabeza del día después. Y no olvidar que este vaso debe ser inexcusable antes de ir a dormir después de una noche de fiesta.

El café asociado al alcohol, a pesar de la creencia de que es un buen reanimador, en lugar de despejar aturde, es diurético y ayuda a la permanencia del alcohol en el organismo.

El día después. No olvidemos que el mejor remedio para la resaca es dormir, el sueño es reparador. Al despertar, debemos reponer la gran cantidad de agua y sales perdidas. El organismo necesita hidratarse y alimentarse. Para empezar a encontrarnos en forma nada mejor que un buen caldo. A la mayoría, una cerveza le sienta de maravilla. A otros, les funciona la misma bebida tomada la noche anterior pero rebajada con agua. Es el principio de la medicina homeopática: el mal se cura con pequeñas dosis del agente causante, aunque con resaca muchos no soportan ni oler las bebidas alcohólicas. Algún guiso fuertemente condimentado ayuda a que el agua y las sales se asimilen más rápidamente. Este es uno de los secretos del Bloody Mary: una copa de vodka, zumo de tomate, sal, pimienta, salsa Perrins, tabasco y un tronco de apio que debemos comer. Y también del Bull Shot, donde se sustituye el zumo de tomate por caldo de rabo de buey. El ejercicio físico es fantástico, correr durante unos treinta minutos a ritmo suave ayuda muchísimo. Un baño de agua caliente, una sauna, así como un masaje son también muy reparadores.

Viene muy bien un zumo de pomelo, de piña o sobre todo de naranja. Y un remedio para un estómago resentido: tomarse un buen antiácido como la clásica sal de frutas Heno. Una aspirina, si tenemos dolor de cabeza. Y recuerden no beber más deprisa que el más lento de los bebedores del grupo. Con estos pequeños trucos llevados a la práctica, su organismo le quedará profundamente agradecido. No se trata de beber mucho sino de beber bien.

EL ARTE DEL BUEN ANFITRIÓN

En primer lugar, hay que actuar con sentido común y ahondar en las normas elementales de educación y convivencia. Es esencial pensar en los gustos de los invitados más que en los propios, tener en cuenta lo que puede y no gustarles. Platos de caza y aves, por ejemplo, no son del agrado de muchas personas. Cuidado con ostras, gambas... y con los derivados lácteos. Es preciso saber si alguien no puede comer ciertos platos por ser alérgico, diabético o celíaco. Es recomendable consultar el menú a los invitados antes de recibirlos.

En lo social, mejor no entrar en conversaciones que puedan derivar en discusiones cuando se tratan ciertos temas: políticos, religiosos o incluso deportivos; y evitar también entrar en temas económicos personales. Qué agradable es escuchar a personas que tienen cosas que decir, que saben sin ostentación.

Si alguno de los invitados está bebiendo en exceso, con todos los peligros que conlleva tanto para él como para el resto de los contertulios —lengua fácil y peligrosa desinhibición—, lo más conveniente es aligerar sus tragos, poca cantidad y mucho hielo; e incluso decir que se ha acabado el destilado o licor que desee.

Nunca hay que incentivar el consumo de bebidas con contenido alcohólico ni llenar constantemente las copas; muchas veces, tras la copa de bienvenida, sigue el vino, champán o cava y se finaliza con cafés y licores. Mezcla que puede ser explosiva.

Hay que saber beber. Y quien recibe debe dar ejemplo de buen comportamiento, ser frugal y respetar a quienes no beban alcohol.

Hay formas protocolarias que siempre permanecen, como la de servir primero a las señoras y por la derecha, y que el anfitrión sea el último en servirse.

Al acudir a una invitación, se aconseja llevar un detalle de buen gusto: un ramo de flores, un buen vino, cava o champán, unos postres con chispa...

En definitiva, tanto el arte de recibir como el de ejercer de invitado requieren práctica y saber que el glamour y la clase no están reñidos con la sencillez y el buen humor. El buen anfitrión es el que hace sentirse cómodos y protagonistas a sus invitados.

LA CULTURA DEL SERVICIO

En cada acción de un trabajo, no solo en hostelería, debemos ofrecer valor a la clientela, a los feligreses, haciéndoles vivir una experiencia única. Ellos son los protagonistas. La cultura del servicio se ejercita, se consigue en cada gesto y con el buen hacer de los equipos. Eficacia y eficiencia apoyadas en el conocimiento; la pasión por querer servir a las personas va más allá de una contraprestación económica, es una manera de entender la vida.

Hace unos veinte años, paseando con mi esposa por la Quinta Avenida de Nueva York, nos detuvimos a contemplar una preciosa coctelera de plata que estaba en el escaparate de una tienda. Una dependienta, al ver que miraba alguno de los objetos allí expuestos, nos invitó a entrar. Me hizo sentir cómodo, sin la presión de verme obligado a comprar. Ya en la tienda, aquella dependienta, pequeñita, elegante, se descalzó, y sus pies solo cubiertos por medias la llevaron al interior del escaparate, donde desmontó alguna que otra estantería hasta llegar adonde estaba la coctelera; con una sonrisa me la entregó, la tuve en mis manos observándola, se la devolví y le di las gracias. Ella me contestó que era un placer atendernos.

Hay un diálogo en la película *La vida es bella* que para mí representa la máxima expresión de la cultura del servicio. Guido, el personaje que encarna el actor Roberto Benigni, aprende a ser camarero y se examina; mostrando su saber sobre la reverencia, se inclina casi hasta el suelo, y su maestro le dice: «Fíjate bien, los girasoles se inclinan al sol, pero si ves alguno que se ha inclinado demasiado es que está muerto. Tú estás sirviendo, pero no eres un siervo. Servir es el arte supremo. Dios es el primer servidor, Dios sirve a los hombres, pero no es siervo de los hombres».

Nuestro trabajo como barman, abogado, dependienta, médico, funcionario... con todos los contactos que establecemos, entraña tanto riesgo como el que asumen los artistas del Cirque du Soleil. En un restaurante, en cada servicio, se producen de veinte a más de cuarenta contactos entre camarero-oficiante y cliente-feligrés. El arte de servir es, sin duda, una asignatura que los españoles debemos aprender. Y no olvidemos que a las personas hay que conquistarlas también con la sonrisa.

UN NOMBRE CON HISTORIA

No. 19. Vol. V.

The Balance, and Columbian Repository.

" Hail sacred polity, by freedom rear'd !
" Hail sacred freedom, when by law restrain'd !"
Beattie.

HUDSON, (New-York) *Tuesday,* May 13, 1806.

La primera definición escrita de la palabra «cocktail» data del 13 de mayo de 1806, cuando el editor de *The Balance and Columbian Repository*, a propósito del significado de dicho término, imprimió la respuesta a la pregunta que un lector, Jeremy Upwards, había realizado unos días antes. Y lo hace así: «Cock tail es un licor estimulante, integrado por alcoholes de varios tipos, azúcar, agua y bitters. Se supone que es una poción excelente, el corazón lo prefiere frente a la cerveza de malta, a la vez que achispa la cabeza. De buen uso para políticos, porque una persona que beba estas combinaciones está preparada para tragar cualquier cosa».

Ahora, la palabra «cocktail» se ha convertido en usual, a pesar del arte que esconde; así, sus técnicas y formulaciones secretas se han ido volviendo más transparentes y de uso común no solo por parte de barmen, sino de aquellos aficionados a la liturgia del buen beber.

Si tienen oportunidad, y son entusiastas del mundo del bar, no deben perderse el Museum of the American Cocktail, con sede en Nueva Orleans. Reúne desde libros, cocteleras, vasos mezcladores y copas antiguas de colección hasta reliquias de la época de la Ley Seca, cuando la prohibición del consumo de alcohol abrió el mundo a los *speakeasies* —bares clandestinos—, a los gánsteres, al jazz, al boxeo y a los cocktails. Algunos de estos extraños objetos son, por ejemplo, una botella de whisky sin alcohol de 1927, botellas de Bathtub Gin (ginebra que se destilaba en bañeras), de sabor muchas veces tan desagradable que los barmen se veían obligados a combinarla con zumos, licores... Muchos cocktails deben su fórmula a estas mezclas desesperadas en tiempos de crisis, cuando la imaginación era una tabla de salvación.

No olvidemos que muchos momentos inolvidables en la vida surgen en torno al mundo mágico de los combinados. Una relación importante, una buena noticia o una despedida, a menudo se comparten con una copa en la mano.

En 2016 se cumplirán 210 años del nacimiento de la palabra «cocktail».

¡Felicidades!

DRY MARTINI, EL COCKTAIL POR EXCELENCIA

Para millones de personas, la palabra «cocktail» se refiere a una bebida en particular y mítica: para ellos un cocktail es únicamente un Dry Martini. Y la hora del cocktail es la hora del Martini. Clásico entre los clásicos, su nombre evoca lujo y sofisticación. Es un aperitivo perfecto y que se cobra sus «víctimas» tras tomar el tercero. Despierta veneración y fanatismo y tanto su origen como su forma de prepararlo están sometidos a discusión continua. Desde que se mezclaron por primera vez la ginebra y el vermut, de esto hace más de 150 años, empezó la búsqueda... La búsqueda del mejor Martini, del perfecto Martini.

Cuenta la leyenda que en San Francisco, allá por el 1850, había muchas tabernas. La más famosa era la de Jerry Thomas —primer gran barman de la historia—. Un día muy caluroso, un viajero cansado pidió a Jerry que le preparase algo para animarle el largo viaje que aún tenía que hacer. El tabernero pensó un instante, tomó una botella de ginebra, otra de vermut y mezcló ambas bebidas con bitter, marrasquino y hielo. Cuando se marchó el cliente, probó la mezcla y le agradó. Pensó en ponerle el nombre del cliente, pero lo desconocía, solo sabía su lugar de destino: Martínez, una pequeña población al otro lado de la bahía. A medida que ganó popularidad, el Martínez se convirtió en Martini.

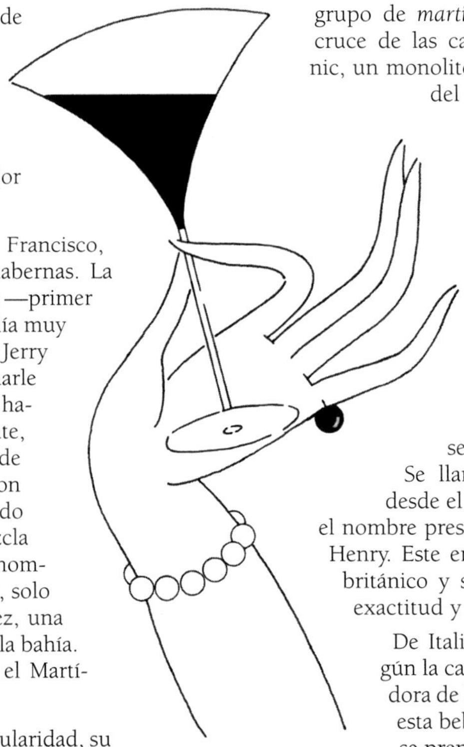

Cuando el Martini creció en popularidad, su paternidad fue objeto de disputa y dio lugar a una segunda teoría: la versión de los ciudadanos de Martínez. Allá por el 1880, en la época de los buscadores de oro, su ciudad era la más importante entre San Francisco y los yacimientos. Una noche, un minero que quería celebrar su fortuna acudió al salón de Julio Richelieu, barman de origen francés llegado de Nueva Orleans, y, dejando encima de la barra una bolsa de cuero llena de pepitas de oro, pidió champán para todos. Como no había, el barman, echándose un farol, dijo que tenía algo muchísimo mejor: un Martínez especial. Para elaborarlo mezcló ginebra con un poco de vino de Sauternes y le añadió una aceituna. El minero afortunado lo encontró fantástico y de vuelta a San Francisco, por todas partes donde iba, pedía un Martínez especial. Verdad o leyenda, lo cierto es que la ciudad celebra anualmente el Festival Martínez para conmemorar el nacimiento del Martini. Y en 1992, un entusiasta grupo de *martinianos* inauguró, en el cruce de las calles Alhambra y Masonic, un monolito para dar fe del origen del combinado.

Más orígenes. Los ingleses dicen que es una creación suya. En el siglo XIX, el Imperio británico estaba en plena expansión. En las Indias, en Sudán, en Egipto y en África del sur, los regimientos de la guardia real, los lanceros y los fusileros se batían con buen orden. Se llamó Martini al cocktail desde el primer sorbo, tomando el nombre prestado del rifle Martini & Henry. Este era usado por el ejército británico y se caracterizaba por su exactitud y retroceso.

De Italia llega otra versión. Según la casa Martini & Rossi, creadora de los conocidos aperitivos, esta bebida se llamó así porque se preparaba con su vermut.

Esta y otras anécdotas, las cuenta John Doxat en su mítico libro *Stirred, Not Shaken* («Removido, no agitado»).

La controversia sobre si el Martini fue llamado así por el nombre de una ciudad, de un rifle o un destilador, nunca será aclarada. Pero no tiene importancia. Desde hace mucho tiempo, esta disputa ha sido oscurecida por otra, la que se inició desde el mismo momento en que la bebida fue mezclada, decantada y probada: cómo debe prepararse un Martini.

En el Martínez creado por Thomas, el vermut predominaba sobre la ginebra en una proporción de 4 a 1; el vermut era el dulce y rojizo vino italiano, y la ginebra no era la seca London que hoy tenemos, sino la dulce Old Tom. Y todavía hay más: para suavizarlo se añadía un poco de marrasquino y, para que no estuviese muy helado, solo dos cubitos de hielo. ¿Cómo, con un inicio así, pudo sobrevivir el Martini? Clarividencia e inteligencia del ser humano, así como un nombre único y mítico que abrió el camino a la búsqueda de un nuevo y diferente tipo de Martini: el Dry Martini.

Cuando la ginebra seca London, sin azúcar, hizo su aparición, se inició la decadencia de la Old Tom. Para dar más sequedad a la mezcla se incorporó el Noilly Prat, el dorado y seco vermut francés que al principio se mezclaba a partes iguales con el dulce y rojizo vermut italiano. Y sin olvidar el *orange* bitter y la angostura. El resultado fue el Queen Martini, una enorme mejora del original.

Después vino la genialidad. Su historia se inicia en 1910. Según la versión mítica, *il signore* Martini di Arma di Taggia, a la sazón barman del hotel Knickerbocker de Nueva York, sirvió a John D. Rockefeller, prototipo del magnate tacaño y desdeñoso, algo que era una combinación de London Dry Gin y vermut francés a partes iguales, rematado con un golpe de *orange* bitter. Todo ello servido en una copa de cristal que había sido enfriada previamente y sobre la que exprimió un trozo de corteza de limón —un twist—. Luego coronó el invento con una oliva verde ensartada en un palillo. Rockefeller bautizó el cóctel como Dry Martini; felicitó, por vez primera, al barman por haber conseguido un trago seco y aceptable y, se supone, dejó propina, cosa inaudita en el multimillonario y en todo rico que se precie.

La hermosa leyenda fue narrada por un tal Luigi, entonces aprendiz de barman a las órdenes del señor Martini y luego barman en diversos hoteles, y no pasa de ser apócrifa. Según los estándares de hoy día, aquello no sería un Dry Martini. Otros preferimos creer que el Martini lo inventó un tal Martínez, camarero o cliente, vayan ustedes a saber, y que él fue quien dio con la clave que ha quedado para la posteridad: un cóctel casi todo él ginebra, en el que el vermut no es más que un perfume, una evocación, apenas nada, el recuerdo de un amor perdido.

Unos cuantos barmen observaron que sus clientes preferían los Martinis secos a los dulces, y fueron rebajando progresivamente la presencia del vermut francés. Aún así, su popularidad no estaba demasiado extendida. Los Martinis se saboreaban en el nuevo y elegante Waldorf Astoria de Nueva York y en el regio Palace Hotel de San Francisco, aunque la mayor parte de los estadounidenses bebían whiskey.

A finales del siglo XIX el Martini llegó por fin a Europa, de donde eran nativos la ginebra y el vermut. Ambos licores se hallaban en muchos bares de París y Londres. Era el *Gin and French*. Con la guerra, miles de americanos vinieron a Europa e invadieron dichos bares. Como no encontraron ni bourbon ni whiskey de centeno, los soldados descubrieron el Martini.

Al acabar la guerra, los yanquis regresaron a sus hogares y fueron introduciendo el Martini allí donde iban. Así, llegamos a la época abolicionista, donde el enemigo era el alcohol. Como resultado de todo esto, 36 estados ratificaron la enmienda 18 de la constitución y, el 16 de enero de 1920, la ley de Estados Unidos dictaba: no más alcohol. Las tabernas y los bares, de costa a costa, cerraron sus puertas. Pero irónicamente fue esta ley que prohibía el consumo de alcohol la que convirtió a millones de bebedores de whiskey en bebedores de cocktails. Era más fácil elaborar una pasable ginebra que whiskey y, además, al combinarla, la calidad quedaba muy enmascarada. Durante la prohibición se produjo un gran cambio social: las mujeres empezaron a beber. Tomar un cocktail antes de la cena se convirtió en una moda. Los bares clandestinos —los *speakeasies*— se llenaron de hombres y mujeres que hicieron del cocktail, sobre todo del Dry Martini, un punto de referencia en un nuevo estilo de vida. Todo el mundo buscaba hacer el mejor Dry Martini. Así, no solo se preparaban Martinis con vermut, sino también con jerez y vinos blancos secos. Aparecieron las aceitunas, las guindas, la corteza de limón, las cebollitas... Por fin, el 5 de diciembre de 1933, la prohibición fue abolida. El Dry Martini salió de los sótanos y con los años se convirtió en una copa cada

vez más seca. A su difusión ayudó la Segunda Guerra Mundial.

Dry Martinis famosos hay muchos. En el restaurante Delmónico de México, un mueble bar especialmente diseñado era llevado hasta la mesa del cliente y allí el barman le preparaba, con su ginebra y vermut favoritos, su Dry Martini personalizado. Otro renombrado es el que tomaba Hemingway en el Harry's Bar de Venecia: quince partes de ginebra por una de vermut. Al cocktail le llamó Montgomery, en homenaje al espíritu combativo del mariscal. Este afirmaba que con esta proporción de soldados a su favor era capaz de ganar cualquier batalla. Hoy en día se puede saborear sentado en una de sus pocas y codiciadas mesas. Según el barman y propietario, Giuseppe Cipriani, fue el bar el que dio fama al escritor y no este al bar. A Sir Winston Churchill le preparaban el Dry Martini escanciando la ginebra en el vaso mezclador en presencia de la botella de Noilly Prat orientada hacia Francia y con un rayo de luz atravesándola. Alfred Hitchcock enfriaba la ginebra mientras miraba de soslayo la botella de vermut. Y Luis Buñuel vertía unas gotas de Noilly Prat y de angostura en el vaso mezclador, lo removía y después tiraba el líquido, solo conservaba el hielo, que había quedado levemente perfumado, y a continuación echaba la ginebra.

Bernard de Veto acertó cuando dijo: «La exacta unión de la ginebra y el vermut es una gran y repentina gloria; es una de las mejores uniones sobre la Tierra y una de las de más corta vida».

A Bryan Ferry yo, personalmente, le preparé en una de sus actuaciones en Barcelona un Dry Martini que contenía un par de golpes de Dubonnet. Otra anécdota barcelonesa: Mies van der Rohe creó el pabellón que hoy puede admirarse en Montjuïc inspirándose en las formas puras, clásicas y serenas de su cocktail favorito. El resultado: un lugar ideal para beber un Dry Martini.

Jruschov decía que era el arma más letal que habían inventado los americanos; mientras que la escritora Dorothy Parker sentenciaba: «Me gusta tomar un Martini, dos como mucho, después de tres ya estoy debajo de la mesa y si llego a cuatro estoy debajo de mi anfitrión».

El Gibson es otra de las variantes del Dry Martini: en lugar de la aceituna se acompaña de dos cebollitas. Es un homenaje a los atributos femeni-

nos de las señoras que dibujaba el célebre ilustrador Charles D. Gibson. Otras variantes: On the rocks, Frappé... Si viajamos por Internet veremos que los vocablos *Dry* y *Martini* aparecen juntos en miles y miles de artículos y comentarios. Los hombres atractivos bebían un tipo especial de Martini. James Bond, en *Casino Royale* (2006) pedía un Dry Martini elaborado con tres partes de Gordon's, una de vodka y media medida de vermut Lillet, todo ello batido en coctelera. Lo que sí es cierto es que a Bond le gustaba removido, y no batido. Existe la idea muy extendida de que agitar un Martini maltrata la ginebra, pero no es cierto. Lo que sucede es que queda turbia y pierde su virginal transparencia.

Mi fórmula: el Dry Martini es un brillante que debe ser perfecto. El barman coge la copa helada del cajón refrigerado, con suavidad la deposita en la bandeja y le añade la aceituna. En el vaso mezclador, con la cuchara para remover, acaricia durante 15 segundos la Bombay Sapphire, previamente perfumada con martini seco. Luego se agita dos segundos más, se sirve en la copa y, tras un twist de piel de limón, se ofrece al feligrés entre almohadones: inmaculado, virginal, brillante.

Y recuerde que el Dry Martini hace honor a su fama de bebida fría y seca de corazón ardiente. Aunque claro está que la civilización consiste en resistir los embates de nuestras mejores creaciones, sin olvidar que la tentación y el placer siempre entrañan, es inevitable, sus sesiones de aprendizaje y riesgo. La última gran lección de este rey de la cocteleria es que cualquier aficionado puede intentar realizarlo, pero solo los maestros consiguen un Dry Martini aceptable. Cosas de la sutileza y el buen gusto.

SHAKEN, NOT STIRRED

1952 En plena Guerra Fría, el Telón de Acero divide el mundo entre las dos superpotencias del momento: Estados Unidos y la Unión Soviética. 007 surge de la mente de Ian Fleming, segundo hijo de un adinerado padre que fallece cuando él tiene 9 años.

El escritor nace en Londres en el exclusivo Mayfair, estudia en Eton (un lío de faldas le obliga a no seguir) y en la Royal Military Academy. Tras trabajar como periodista —para la agencia Reuters— y agente de cambio y bolsa, es reclutado antes de la Segunda Guerra Mundial por el servicio de inteligencia de la Royal Navy.

James Bond nace años más tarde cuando Fleming, ya retirado como espía, está de vacaciones en Goldeneye (¿les suena?), su casa de Jamaica; allí escribe *Casino Royale* (1952), a la que seguirán 12 novelas y 9 cuentos con Bond de protagonista. Con su nombre, Fleming rinde homenaje a un ornitólogo americano de quien es seguidor. Bond, agente encubierto con licencia para matar y afiliado al MI6, servicio secreto de inteligencia británico, refleja la personalidad de Fleming llevada al máximo: frío, inteligente, eficaz, elegante y seductor de bellas mujeres: amigas y enemigas. Sean Connery, George Lazenby, Roger Moore, Timothy Dalton, Pierce Brosnan y Daniel Craig dan vida a James, siempre bajo las órdenes de M, jefa del MI6, y con la música de John Barry, Tom Jones, Paul McCartney and Wings o Madonna, entre otros.

«*Shaken, not stirred.*» La traducción de esta mítica frase ha sembrado de controversia la cultura del bar con su significado a la hora de oficiar Martinis. Su traducción: «Agitado, no removido». ¿Sacudir, agitar? Para mí: batido, no removido, pues la coctelera se bate. Aunque he oído o leído también: mezclado, no agitado.

Lo importante es la aportación de Fleming y Bond a la cultura del bar. En el momento en que se pide en *Casino Royale* un «Dry Martini, 3 partes de Gordon's, 1 de vodka, ½ medida de quina Lillet, bien agitado con hielo y una filigrana de piel de limón», es algo que marca un antes y un después en el universo del cocktail.

Han pasado más de 50 años del primer filme, *Agente 007 contra el doctor No*, pero el personaje conserva la buena salud y sigue llegando a nuestras pantallas con regularidad. Esperemos que los Martinis nunca dejen de ser protagonistas de sus historias. *Shaken, not stirred*. O tal vez... *Stirred, not shaken*.

MARTINI, UN MITO

Hablar de Martini® es hablar de un icono, una de las grandes marcas de la historia, y no solo del beber. Su logo marca: en negro, elegancia, clase; rojo: sensualidad, pasión. Es para mí la mejor combinación de la interpretación de la vida. Cuando Alessandro Martini y Luigi Rossi en 1863 crean su vermut, lo hacen con el ánimo de elaborar el más exquisito de los vinos enriquecidos. La estratégica ubicación de su factoría, en una finca junto a la línea ferroviaria Turín-Asti-Génova, en Pessione, entre la colina del Monferrato, tierra de viñedo y productora de excelentes vinos, y los Alpes de Cuneo, donde crecen gran variedad de hierbas aromáticas, supone tener una puerta abierta al mercado internacional que les permitirá conquistar el mundo. En 1867 salen de su factoría hacia Nueva York las primeras 100 cajas de Martini®.

Martini®, aparte de por la calidad de sus vermuts, marca tendencia en el mundo de la comunicación, de la publicidad y el marketing. ¿Quién no recuerda a Nicollette Sheridan —una de las protagonistas de la serie *Mujeres desesperadas*—, la maravillosa patinadora? ¿O al chico Martini® con sus gafas negras, labios carnosos y gesto seductor?

O la escena en Portofino: arrancada de las garras de un Aristóteles Onassis de pega, una rubia Charlize Theron se levanta tras el chico Martini® y su vestido se engancha y va deshaciéndose mientras camina hacia él con un andar sensual. Otros protagonistas: la voluptuosa Monica Bellucci, en un escenario que homenajea *La Dolce Vita*; y un inconmensurable George Clooney, con su toque pícaro, necesita hielo para acompañar su Martini® y una bella torera, con su espada, le proporciona los atributos masculinos de un toro de hielo.

Y la música siempre protagonista de sus *spots*. Desde *La vie en rose* de Edith Piaf en versión de Melanie Fiona, al ritmo inolvidable ya en la primera secuencia de los anuncios del chico Martini®. Este estilo Martini® pudimos disfrutarlo en 2013 los 600 invitados de todo el mundo en la fiesta de su 150° aniversario en el lago de Como. Celebración iniciada al atardecer, en el palacio de Villa Erba, mientras ilustres barmen como Alex Kratena y Simone Caporale del Artesian Bar o Erik Lorincz del Hotel Savoy oficiaban grandes clásicos: Manhattans, Presidentes, Negronis. ¡Martini®, felicidades! *Play With Time!*

JACK DANIEL'S N.7, UN ICONO

Esta es la historia de un auténtico símbolo creado en una pequeña población estadounidense del estado de Tennessee: Lynchburg.

¿Quién no ha visto a cantantes de rock o motoristas con sus flamantes Harleys, con una botella de Jack Daniel's en la mano?

En 1866, el joven Jack Newton Daniel descubre las excelentes cualidades del agua de un manantial que un pastor luterano utiliza para destilar; le compra la propiedad y allí construye la primera destilería legalizada de Estados Unidos. Jack Daniel mezcló el agua con granos de maíz, cebada y centeno molidos y seleccionados; tras unos días, cuando la masa hubo fermentado, la destiló en sus alambiques de cobre y obtuvo la base de su whiskey. Para suavizarlo, lo filtró gota a gota a través de carbón de arce triturado, dejándolo madurar en barriles de roble blanco chamuscados, para adquirir un color, aroma y sabor característicos.

El primer secreto de Jack fue el agua que empleaba, purísima, sin minerales. Los trabajadores de la destilería no entendían por qué filtraba el whiskey solo con carbón de arce duro, pero él descubrió que otro carbón menos resistente se convertía en cenizas.

Un día de 1904, Jack Daniel desapareció. Iba a presentar su whiskey en la Feria Mundial de St. Louis, donde competiría con las marcas más acreditadas. A su regreso, ya sin misterio, mostró satisfecho la primera medalla de oro de su Jack Daniel's.

Aún hoy, los troncos son trasladados desde las colinas hasta la destilería, allí se cortan en tablones, se apilan para ser quemados lentamente al aire libre y se rocía con agua la madera para que no se queme excesivamente. El carbón que se obtiene se tritura y se introduce en barricas de madera, para filtrar y purificar el whiskey gota a gota. Mientras madura y envejece en los barriles durante al menos cuatro años, se produce un fenómeno curioso: en verano, la madera del barril, chamuscada en su parte interior, se dilata, y el whiskey penetra en ella. El frío invierte el proceso y vuelve a expulsarlo, haciendo que el whiskey gane en cuerpo y color.

No se sabe a ciencia cierta por qué en la etiqueta de Jack Daniel's aparece el N.º 7. Hay quien dice que era el número de la suerte de Jack, otros afirman que se trata de su séptima fórmula. Lo cierto es que desde aquella época, la gente empezó a escribir a la destilería pidiendo más de aquel N.º 7.

En 1638 nace el que sería hombre clave en el futuro del champán: Pierre Pérignon, abad de Hautvillers desde 1688 hasta su muerte en 1715. Aunque la leyenda atribuye a Pérignon el descubrimiento del método *champenoise*, es posible que él mejorara una técnica que se venía aplicando ya anteriormente. Se dice que era ciego y que al probar la uva sabía de qué viñedo procedía, e instauró normas que revolucionaron la forma de vendimiar y elaborar. También se explica que Pérignon mezcló, por azar, vinos jóvenes en fermentación con otros maduros ya criados. Meses después, al abrirlos, salió despedido el tapón por el gas acumulado, lo que le hizo pensar que el vino se había estropeado, aunque instintivamente lo probó. Su sorpresa fue mayúscula al paladear aquel exquisito y burbujeante vino. ¡Nacía el champán!

La demanda creció y a ello contribuyó que fabricantes de cristal ingleses mejoraran las botellas elaborando una de vidrio ahumado con más espesor, peso y solidez, lo que evitó un problema: la fuerza del gas rompía muchas de ellas. A ello se sumó el tapón de corcho. Se dice que el primero en usarlo fue Dom Pérignon, tras visitar el monasterio benedictino de Sant Feliu de Guíxols.

En el siglo XIX aparece otra figura clave, la viuda Clicquot, la creadora de las técnicas de degüelle y de la primera mesa agujereada en la que introduce las botellas invertidas para eliminar los posos. Su consumo se extiende por el mundo, y la Rusia de los zares se convierte en su más exquisito cliente. Pedro I y Alejandro II serían sus principales embajadores. En 1876, y bajo la demanda del gran Alejandro, se crea uno de los iconos: Cristal de Roederer.

Hablar de champán es hablar de glamour, de lujo, sensualidad. Es ver a Pierce Brosnan con una bella mujer en su Aston Martin con una exclusiva botella de Bollinger La Grande Année 1988. Es saber de las bañeras del Hotel Savoy de Londres llenas de champán para estrellas de rock. Es encontrar a Madonna tomando un Krug, su favorito, en el Harry Cipriani de la Quinta Avenida, mientras degusta unos espaguetis a la *amatriciana*. Es descorchar un Dom Pérignon junto a la persona amada y sonreír a las estrellas.

CHAMPÁN, PASIÓN MÁGICA

STAR, UNA ÉPOCA

Ojeando libros en la Fnac, encontré un número especial de la revista *Star* que hace un tiempo su editor, Juan José Fernández, me anunció próximo a aparecer. Lo abrí y los recuerdos acudieron. A inicios de los 70, España era un desierto de creatividad y *Star* insufló frescura. Hace unos 30 años que dejó de publicarse...

Fernández, resguardado en la editorial de su padre, decidió tirar adelante sin paracaídas un proyecto único. *Star* nace en 1974 y, con la revista inglesa *Oz* y *Actuel* de Francia se convierte en núcleo de la contracultura europea. Como si fuera una coctelera, Fernández mezcla toda suerte de escritores, periodistas, artistas y creativos para ofrecer una de las pocas posibilidades de respirar aire puro y sin olor a claves políticas de hoz y martillo.

Era un buen inicio para quienes deseábamos una posibilidad de vida distinta y una creatividad musical sofisticada. Grupos que habían dejado atrás aires hippies y apostaban por una evolución como nunca ha habido, creo, en el mundo del rock, frente a cantautores que a duras penas sabían rasgar una guitarra.

Son noches barcelonesas de Zeleste, de compartir emociones y música. Toti Soler, Orquesta Mirasol, Sisa, Gato... Es acudir a la Enagua de la calle Casanova y sentir la música de Máquina... José Mª Paris, guitarra, junto a Enrique Herrera al piano. Es hacer las primeras compras de incienso y pachulí en el Mercadillo de Balmes de los Mijangos. Es descubrir a Warhol, Lou Reed... Es visualizar una nueva estética con Bowie y Roxy Music. Es ver y volver a ver *Blow-Up*, *Cowboy de medianoche* y *El último tango en París*.

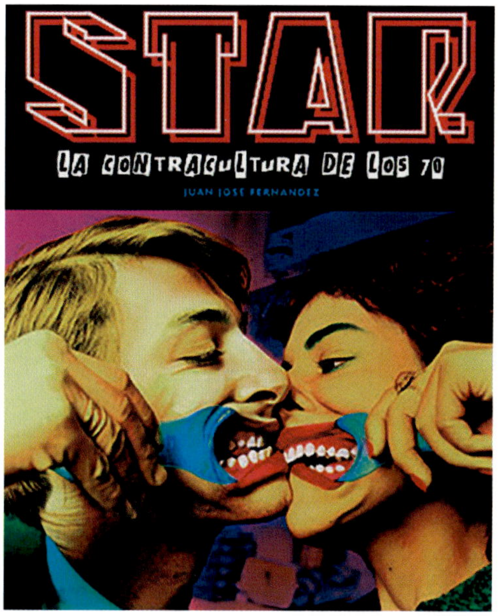

Es vender los cómics de los hermanos Farriol, Nazario, Mariscal, Montesol. De ramblear con ellos, Ocaña y Camila. De descubrir la magia de los cocktails en Boadas. De deleitarme por vez primera con un Tom Collins, un Mar blau o un Mojito. Días de compartir.

Star nos acompañó seis años, con una tirada de 25.000 ejemplares. Durante su historia hubo secuestros, multas, juicios, amenazas, pero, como afirma el editor: «Nos mantuvimos firmes, siguiendo la filosofía de contra todo y contra todos». Yo lo recuerdo sin nostalgia, pero con cariño. Juan José, muchas gracias.

DOROTHY PARKER Y LA ROUND TABLE

Dorothy Parker es una de las personalidades por las que más atraído me he sentido. Nació el 22 de agosto de 1893, dos meses antes de la fecha prevista. En múltiples ocasiones manifestó: «Fue la última vez que llegué pronto a una cita». De madre escocesa y padre judío, tuvo una infancia complicada; fue una niña tímida, con una inteligencia y sentido del humor excepcionales. Creció segura de su talento y convencida de que «el mejor amigo de una mujer es su propio susurro». A los 18 años era una mujer completamente independiente: escribía, fumaba —con lo que significaba fumar en esa época— y ganaba sus primeros dólares.

Empieza trabajando en la revista *Vogue*, donde publica algunos de sus poemas y redacta pies de fotos. En 1917 se casa con Edwin Pond Parker, de quien toma el apellido que la acompañará toda su vida. En 1918 publica *Enough Rope*, su primer libro de poemas, que, de forma sorprendente, se convierte en un gran éxito de ventas. Colabora en *Vanity Fair*, *The New Yorker* y *Esquire*.

En 1922 Dorothy Parker rompe con su marido y se instala en una habitación del Hotel Algonquin. Allí nació la que sería la tertulia más ingeniosa y famosa de los celebrados años veinte: la Round Table. Presidida por Dottie, como la llamaban sus amigos, un grupo de intelectuales desgranaba, entre plato y plato, comentarios, chistes y poemas sobre la más rabiosa actualidad. Tras los cafés, llegaban las copas, y con estas las conversaciones ingeniosas y picantes. Los habituales de la Round Table eran 9: Alexander Woollcott, Robert E. Sherwood, Robert Benchley, Marc Connelly, Heywood Broun, Edna Ferber, George S. Kaufman, Franklin P. Adams y Dorothy Parker. A ellos se añadían en múltiples ocasiones Harpo Marx que, a diferencia de en sus películas, aquí hablaba por los codos, Douglas Fairbanks y otros tertulianos entre los que destacaba la presencia ocasional de Scott Fitzgerald.

Los integrantes de la Round Table eran buenos bebedores. La ginebra era su bebida, y el Dry Martini el trago favorito de Dorothy Parker. Ella decía: «Uno me sienta muy bien. Dos es mi límite. Con tres me encontrarás bajo la mesa. Y con cuatro debajo de mi anfitrión».

A Dottie le gustaba beber, igual que a Hemingway, con quien estuvo en España por primera vez en 1926, con 33 años. Llegó a Barcelona desde París de la mano del escritor y un grupo de compatriotas bohemios y millonarios. Lo primero que hicieron fue acudir a presenciar una corrida de toros. En aquella época los caballos que utilizaban los picadores no llevaban protecciones. Pueden ustedes imaginarse el cruel espectáculo. Parker salió huyendo y maldiciendo a los españoles.

El día que cumplía 34 años fue decisivo en su vida. En esa triste jornada tuvo lugar la ejecución de los anarquistas Sacco y Vanzetti. Parker ya había empezado a manifestarse públicamente en contra de las injusticias, pero ese hecho hizo que se convirtiera en una vehemente defensora de causas justas, aunque casi siempre perdidas.

En 1937 colaboró, de nuevo con Hemingway, para comprar ambulancias para el gobierno republicano español durante la Guerra Civil. En esta época visita España por segunda vez y presencia cruentos bombardeos en Madrid y Valencia. A su regreso a Hollywood —donde estaba instalada junto con otros miembros de la Round Table trabajando como guionista desde principios de los años treinta— e influenciada por el horror que había presenciado, organiza campañas de ayuda para los niños españoles. Fue responsable de la proyección ante el presidente Roosevelt y otros invitados en julio de 1937 de un documental de la Guerra Civil española con guion de Ernest Hemingway. Escribió también unos cuentos para *The New Yorker*. El director de la revista declinó cortésmente publicarlos, por considerarlos muy izquierdistas, pero cedió con «Soldados de la República»: era demasiado bueno para decir que no.

En 1933 contrae matrimonio con Alan Campbell. Él tenía 29 años y ella 40. Se divorciaron al poco tiempo, aunque se volvieron a casar en 1950. Es precisamente en esa época cuando Dorothy Parker es víctima de la caza de brujas desencadenada por el macarthismo. En 1955 se ve obligada a declarar ante el Comité de Actividades

«Los integrantes de la Round Table eran buenos bebedores. La ginebra era su bebida, y el Dry Martini el trago favorito de Dorothy Parker.»

Antiamericanas. Se mantiene firme en sus ideas y no delata a ningún correligionario.

Dorothy Parker fue una neoyorquina de pro, totalmente urbana, moradora de habitaciones de hoteles —siempre en compañía de su perro—, donde tenía todo lo que necesitaba: un rincón para poder colgar su gorro, al que estaba tan unida, y otro rincón para acoger a sus amigos.

Dottie inicia su carrera literaria en 1918. Publicó tres libros de poemas y dos libros de relatos que fueron los que le dieron un gran prestigio literario: *La soledad de las parejas* y *Una dama neoyorquina*. Sus relatos son urbanos, muy dialogados y suceden en interiores. En ellos, Parker carga contra la sentimentalidad, la estupidez, la intolerancia, la segregación y el provincianismo. Aborda en sus relatos, presididos por una mordaz ironía, la incomunicación, la soledad a dos de las parejas y la desesperada búsqueda del amor. Sus protagonistas femeninas son personajes llenos de candor, sentimentales, llenos de pasión contenida. Sus protagonistas masculinos son seres egoístas, mediocres y mezquinos.

Durante su estancia en Hollywood, Parker escribió, entre otros, los guiones de *Ha nacido una estrella* y *Sabotaje*, donde aparece brevemente al lado de Alfred Hitchcock.

Dottie fue muy apreciada por sus contemporáneos. Charles Chaplin, Marlene Dietrich o la escritora Lillian Hellman —compañera de Dashiell Hammett— la distinguieron con su amistad. Cole Porter le dedicó una canción.

Dorothy Parker murió de un ataque cardiaco el 7 de junio de 1967 a los 73 años, en una habitación de hotel de Manhattan, acompañada por su viejo perro y una botella de ginebra. A pesar de varios intentos de suicidio, sobrevivió a casi todos los miembros fundadores de la Round Table del Hotel Algonquin.

Fiel a sus ideales, Dorothy Parker dejó su herencia, 20.448,93 dólares, al movimiento contra el racismo de Martin Luther King. Contrariamente a sus deseos de morir en un día lluvioso, aquel fue un día cálido y soleado. Lillian Hellman dijo en el sepelio: «Jamás habló de viejas glorias, jamás se arrepintió de sus derrotas, jamás se refugió en tiempos pasados».

Dorothy Parker escribió su propio epitafio: «Perdonadme por las cenizas».

Dorothy, ¡me hubiera gustado tanto conocerte...!

Un beso.

LIMPIABOTAS. MASAJEADOR DE PIES. CUIDADOR DE ALMAS.

A José Barragán, maestro limpiador.

Para mí los zapatos son el detalle más importante en el vestuario de una persona. Ya de pequeño, los zapatos se convirtieron en objeto de mi devoción.

En mis idas al colegio, me acompañaba una gamuza que utilizaba al salir del metro para reparar las heridas infringidas por mis desconsiderados compañeros de viaje.

Cuando mi padre me llevó por primera vez un domingo a la Plaza Real –sede en décadas anteriores de los más significativos establecimientos hosteleros de la ciudad–, me sentí deslumbrado por un gran trono situado en las arcadas de la entrada, con un letrero donde se anunciaban todos los servicios que los limpiabotas podían ofrecer al cliente. Años más tarde, en mis inicios como universitario, me estrené con una limpiada en la gloriosa plaza. Es en esa época cuando rambleando con Sisa, Ocaña, los Farriol o Nazario siempre terminaba tomando un medio en alguna de sus cervecerías.

Disfruté también por entonces de los servicios del salón de Rambla Catalunya con València, donde el maestro limpiabotas era como un mariscal de campo prusiano, serio, elegante; o el salón de delante del Velódromo, en la calle Muntaner, con un maestro *rondinaire* pero simpático.

Eran cursos de tejanos remendados con telas de colores, de chaquetas caquis compradas en Amsterdam mientras arañábamos los últimos suspiros hippies llegados de San Francisco. Eran días de Lou Reed, Roxy Music, de *Blow-Up*, de Flaubert y Franz Kafka, de Martinis, Tom Collins y Mojitos tomados en Boadas y... zapatos limpios, aunque fueran botas camperas.

En casa, y mientras sonaba a todo volumen *Walk on the wild side*, limpiaba y enseñaba a limpiar zapatos a mis amigos. Incluso me planteé estrenarme en el oficio vestido de blanco impoluto y con guantes en el Flash de Leopoldo Pomés.

Es el de limpiabotas un oficio de escuchador y conversador. Yo diría de monosílabos, de masajeador de pies y de almas, de confesor excelso y guardador de confidencias. Habría sido un magnífico maestro limpiabotas. Probé diversas fórmulas para conseguir los mayores brillos, el mejor lustre, pero, como sucede con los Martinis, siempre al acabar sabes que no es suficiente y que el próximo debe ser mejor.

Y un comentario final: el secreto de unos zapatos limpios es una buena piel. ¡Qué agradecidas son las de anca de potro!, tengo presente mis primeros Churchs. Para abrillantar utilice un abridor de poro, un tinte combinación, un Suprema o similar. Lo utilizaremos como si de jabón se tratara, secando con un paño el exceso de tinte si lo hubiera, y cepillando enérgicamente con un cepillo de cerda suave, más tarde aplicaremos en dosis contenidas como si de vermut se tratara, una buena cera incolora, volviendo a cepillar para dar de nuevo un último toque de betún, pasando el paño de algodón, abrillantando y haciendo que la piel gima. No olvidemos que unos buenos zapatos, con unas semanas de vida, nos serán más agradecidos.

Encontrará maestros limpiabotas en diversos bares como Sándor, Flash Flash, Dry Martini o la Oca de Barcelona.

Espero que disfruten de sus relucientes zapatos tanto como yo.

SANTI SANTAMARIA

Mis recuerdos me trasladan a un día cuando Santi Santamaria celebró los primeros 15 años de su Racó de Can Fabes. Preparó una fantástica jornada festiva, junto a su mujer, Àngels Serra, y todo su equipo, que recibieron a comensales y amigos delante de Can Fabes. Allí, una pirámide de barriles con teas encendidas nos daba calor como si de una hoguera de Sant Joan se tratara, y estuvimos en plena calle, en un altar de 8 metros de largo oficiando Martinis. Santi Santamaria acompañó a los invitados hasta el Ateneu, donde un espectáculo mágico aguardaba: mientras iban llegando los platos, las actuaciones enmarcaron la cena, los títeres Txo, Monti el payaso, Las Calígulas, la poesía de Pilar Cervera Fura... y Albert Pla acompañado de Quico Pi de la Serra. De regreso de Sant Celoni, surgían las conversaciones con Santi Santamaria, en la mesa, en la barra o junto a los fogones de su cocina.

Esta es parte de la historia de un grandísimo cocinero, de un tenaz luchador, de un bondadoso amigo. En 1981, al volver de la mili, Santi y Àngels, novios desde los 16 años, deciden montar un pequeño restaurante, que solo abre los fines de semana, donde sirven embutidos, quesos, tostadas. Transcurridos unos meses, Santi empieza a servir platos caseros (cap i pota, pies de cerdo, canelones...). Su primer menú costaba 350 pesetas. En mayo de 1982, Santi y Àngels se casan. Su viaje de bodas es a San Sebastián. Acuden a Arzak, que les hechiza, y Santi empieza a embeberse de clásicos de la cocina, entrando en el mundo de la creación, y casi sin darse cuenta le otorgan una estrella en la Guía Michelin. Es una sorpresa. Estamos en 1988. Es extraordinario conseguirlo contando tan solo con una cocina doméstica y dos ayudantes en un primer piso. Dos años más tarde, otorgan al Racó de Can Fabes la segunda estrella, sin tener siquiera la nueva cocina terminada. Luego llegaría la tercera. En el trabajo de Santi Santamaria existen dos componentes: el paso de lo individual a lo colectivo, cocina algo que nace de él mismo para ser compartido, y el paso de lo biológico a lo cultural. Santi con su Racó de Can Fabes ha creado cultura.

Haznos llegar desde el cielo tus palabras y sonrisas. Un abrazo. Tu obra continúa.

MARCEL

Una de las mejores posibilidades de mi trabajo a partir de la cultura del bar, del cocktail, es que me permite estar en contacto con personas de diferentes orígenes, con vidas e identidades singulares; muchos de ellos entrarían en la categoría de famosos: músicos, periodistas, escritores, artistas... Pero luego hay también aquellos oficiantes, más anónimos, pero no menos interesantes (en muchas ocasiones lo son más) que a través de sus trabajos van más allá de su actividad laboral, y están muy implicados en el día a día sociocultural de sus ciudades, de sus poblaciones, que tienen el respeto y cariño de sus conciudadanos, que crean sentimientos que transmiten, con los que nos arropan, con los que envolvemos a todos aquellos que acuden a nuestros espacios, ya sean bares, restaurantes, hoteles, tiendas, despachos...; y donde nos une a todos la voluntad de satisfacer, cuidando de las personas de un modo muy especial, de atender con eficacia y eficiencia a nuestros clientes, a nuestros feligreses y siempre con la sonrisa puesta. Son personajes que con su historia, con sus maneras, contribuyen a dar valor, identidad, a los lugares donde viven.

Este es el caso de Marcel Montlleó. Más que peluquero, Marcel es un masajeador de almas, cálido conversador y cariñoso en los afectos, lleno de soluciones con alma y ausentador de problemas; va mucho más allá de crear con su sabiduría de oficiante, con sus manos, corazón y tijeras cortes y peinados. Es un gran cuidador y espoleta detonante de muchas acciones geniales que han tenido y tienen que ver desde hace muchos años con Barcelona. Es por ello que deseo rendir tributo, homenaje a través de su figura, a todos aquellos que nos hacen agradable el día a día de lo cotidiano.

Marcel nace en Reus (Tarragona), donde sus abuelos tienen una pastelería-panadería; a los 6 meses sus padres, buscando oportunidades para el futuro de su hijo, se trasladan a vivir a Barcelona. Regentan pescaderías en el mercado de la Boquería, donde sirven a Pinotxo y a Casa Leopoldo, dos de los restaurantes referentes de la Ciudad Condal. Vive en el cruce de Princesa-Montcada, muy cerca del Born. A los 12 años, mientras estudia, empieza a trabajar —después de insistir una y otra vez al propietario— en la pastelería Brunells, junto a su casa, uno de los grandes establecimientos de la época y abanderado del universo del dulce; allí debuta colocando plumas en las monas de Pascua, sirviendo helados, *neules* (barquillos) y rellenando cestas de Navidad. Un día, el flechazo de Cupido llama a su puerta, queda prendado de una bonita peluquera que trabaja cerca de allí, a la que ayuda para que finalice antes sus tareas y así poder disfrutar de su compañía. Así es como nuestro Marcel se estrena en el arte de la peluquería; pone rulos y lava melenas; es tanta su bondad en ese arte que inicia su ascensión.

Con 15 años ya se convierte en cortador en el salón de Pierre Franco Marcocci. Luego trabaja en Dora y llega, por fin, a Pallarés, un grande, en la plaza Gal·la Placídia, donde en veladas del Liceu, verbenas o en Fin de Año crea hasta 25 moños por jornada —moños pasteleros, plagados de bucles y lionesas de cabello—. Y siempre en lo más alto, su referente Vidal Sassoon, peluquero inglés, genio del arte de los cortes geométricos, inspirado su trabajo en el movimiento Bauhaus.

A los 18 años, y ya como encargado, se responsabiliza de Mayfair, una «pelu» montada por niñas bien de Barcelona junto a la sala de fiestas Las Vegas, un clásico en la noche barcelonesa de entonces. Aquí vive la maravillosa época de la *gauche divine*. Reina el espíritu de Tuset Street. La Cova del Drac, Anahuac, Flash-Flash y Stork son algunos de los bares y restaurantes donde recalan sus gentes: Romy, Teresa Gimpera, Leopoldo Pomés, los Tusquets, Joan Manel Serrat, Jaime Camino, Carmen Caballero y un largo etcétera de personajes a cuál de ellos con más ganas de comerse la vida y donde reina Oriol Regàs, creador de espacios que van más allá del concepto de discoteca, como Bocaccio, Maddox, Paladium, Revolution, del festival de flamenco de Palamós, junto a Antonio Gades, del restaurante Via Veneto y, años más tarde, de Up & Down. Oriol fue maestro de la cultura del servicio bañada en genialidad creativa. Locales míticos donde ellos beben Rafs o Cubatas, y ellas San Franciscos sin alcohol y Leche de Pantera, las más atrevidas. Años donde la creatividad camina unida a la música, al disfrute, a la belleza que acompaña a la juventud, donde todo está por conquistar y es conquistable. Y donde la noche está para vivirla con intensidad diez.

Marcel, tras su paso por Odine, en Capitán Arenas, un multicentro singular de moderna estética (peluquería, boutique de bolsos, juguetería), abre por fin su propio salón en Sabino Arana, hogar donde se encuentran grandes de la publicidad como Carlos Rolando y MMLB (la primera gran, reconocida y premiada internacionalmente agencia española). En Sabino permanece 20 años, para después trasladarse al Bulevard Rosa de Passeig de Gràcia. Años más tarde adquiere la peluquería del genial Enrique Zaragoza en el entresuelo de la calle València donde hoy día oficia. Sentarse en uno de sus sillones, escuchar la chispa de sus inteligentes comentarios, se agradece; sus palabras son un mantra que nos relaja y donde nuestras neuronas descansan acunadas.

Alguno puede pensar qué tienen que ver estos comentarios con un libro dedicado al cocktail, a los drinks y a la gastronomía. Para mí, todo. Nos une la cultura del servicio, la pasión por atender a los demás, la pasión por la vida. Además, Marcel oficia unos excelsos Martinis y Daiquiris.

Marcel, un renacentista. Brindo por ti, brindo por todos aquellos a los que representas. Brindo por más de 50 años de afectos. ¡Muchas gracias!

LUIS BUÑUEL

Luis Buñuel nace en Calanda (Teruel) el 22 de febrero de 1900. Desde muy pequeño muestra una personalidad fuerte y plena de imaginación. De joven se traslada a Madrid, a la prestigiosa Residencia de estudiantes, donde convive con Federico García Lorca, Dalí y Alberti.

En 1925 marcha a vivir a París, donde a los pocos meses contacta con el movimiento surrealista. Se relaciona con Max Ernst, Yves Tanguy, Man Ray, Picasso, Nabokov, André Breton y Marcel Duchamp. En París vive y bebe, tiene debilidad por los aperitivos franceses. Desde su llegada, va frecuentemente al cine. Se convierte en crítico cinematográfico y tras visionar *El acorazado Potemkin* de Eisenstein y *Metrópolis* de Fritz Lang, Buñuel empieza a colaborar con diferentes directores y, varios meses después, realiza su primera película: *Un perro andaluz*, con la famosa secuencia del corte del ojo, que se convierte en un símbolo surrealista. En ella también hay un momento en que un hombre llama al timbre de una puerta y aparece una coctelera agitada por dos manos que salen de dos agujeros de la pared.

En 1934 se casa con Jeanne, su novia de toda la vida, y se va a vivir a Madrid, donde se convierte en productor de cine. Sin embargo, en 1939, muy afectado por la muerte de su amigo Federico García Lorca, huye a Estados Unidos contratado para trabajar en el MOMA de Nueva York. Allí se reencuentra con Dalí, pero hace años que sus caminos son muy divergentes. La publicación del libro *La vida secreta de Salvador Dalí*, escrito por el pintor y en el que se tilda a Buñuel de irreverente y comunista, le impide al aragonés obtener la ciudadanía estadounidense y lo obliga a dimitir de su puesto en el MOMA. Días después de su dimisión, Buñuel cita a Dalí en el bar del hotel Sherry Netherlands. Dalí pide champán para celebrar el encuentro. Furioso, Buñuel, dispuesto a pegarle, le dice que «gracias» a lo publicado en su libro se encuentra en la calle. Dalí le responde: «Escucha, he escrito ese libro para hacerme un pedestal a mí mismo. No para hacértelo a ti». No volverían a verse nunca más.

Sin trabajo, Buñuel se marcha con su mujer y sus dos hijos a Los Ángeles donde permanece durante 2 años. Después de esto, Buñuel se marcha a México para una breve estancia, que acabará siendo de 15 años (1946-1961). En México conoce a Gustavo Alatriste, que se convertirá en productor de un gran número de películas suyas.

A principios de 1954, Buñuel realiza su primer viaje a Europa en casi una década. El festival de Cannes le invita a formar parte del jurado bajo la presidencia

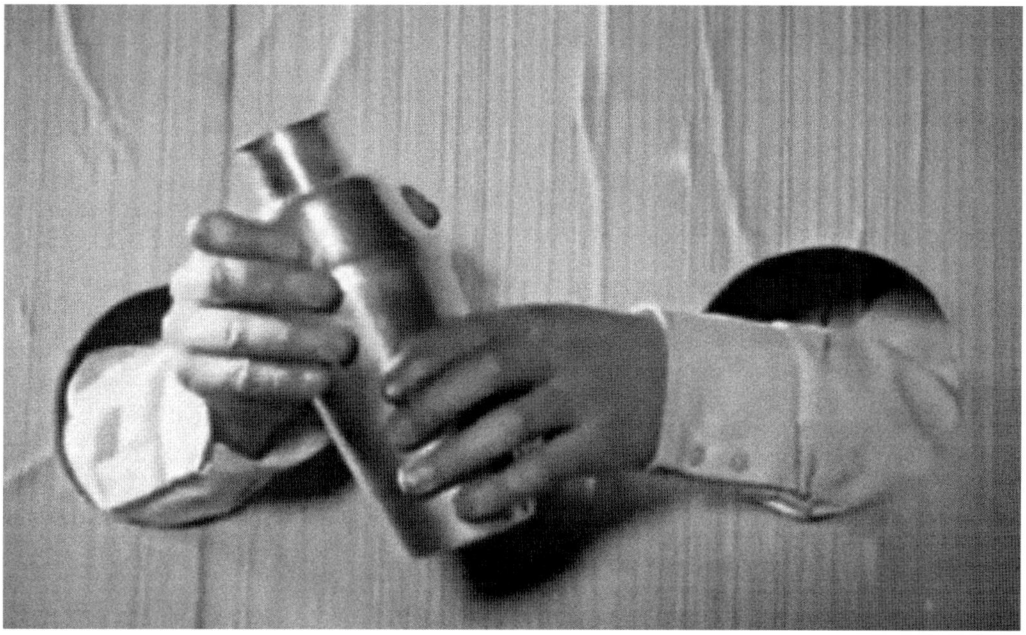

de Jean Cocteau. Buñuel no disfruta de su estancia en Cannes. En mitad de una cena oficial se levanta y se marcha con cajas destempladas. El actor Jaime Fernández lo ve solo en una mesa del bar del hotel Martínez y le ofrece una copa. A partir de entonces ambos se encuentran a diario para beber champán y un cocktail creado por Luis llamado Buñueloni, una versión del Negroni que mezcla Carpano, Cinzano dulce y su ginebra favorita: Beefeater. Toda una vida de media docena de Martinis al día más una o dos botellas de vino dan a Buñuel una gran resistencia al alcohol. «Yo he pasado en los bares horas deliciosas. El bar es para mí un lugar de meditación y recogimiento sin el cual la vida es inconcebible. En los bares he pasado largos ratos de ensueño, hablando rara vez con el camarero, invadido por cortejos de imágenes a cuál más sorprendente. El bar es un ejercicio de soledad, es una ceremonia».

Su bebida favorita, el Dry Martini. Buñuel nos explica su fórmula: «Pongo en la nevera todo lo necesario: copas, ginebra y coctelera, la víspera del día que espero invitados. Tengo un termómetro que me permite comprobar que el hielo está a unos 20 °C bajo cero. Sobre el hielo bien duro echo unas gotas de Noilly Prat y media cucharadita de café de angostura, lo agito bien y tiro el líquido, conservando el hielo ligeramente perfumado, sobre este hielo vierto luego la ginebra, agito y sirvo».

En 1974 le diagnostican una diabetes y le prohíben fumar y beber. El cineasta aragonés deja el alcohol por primera vez desde que tenía 18 años.

En 1983 empeora su estado de salud. Reúne a sus médicos y les dice que ha decidido no seguir más con el tratamiento. Hace venir a sus amigos para despedirse de ellos. Se tomaba un par de vasos de vino diarios, pero para Serge Silberman preparó el habitual Martini del mediodía, como en los viejos tiempos. Como él no podía beber le pidió a su viejo amigo que mojara un dedo en su cocktail y le humedeciera los labios. El 29 de julio de 1983 fallece Luis Buñuel.

MIES VAN DER ROHE

Ludwig Mies van der Rohe nace el 27 de marzo 1886 en Aachen, Aquisgrán (Alemania). Con solo 14 años empieza a trabajar en el taller de piedra tallada donde lo hace su padre. Un año más tarde es dibujante de adornos en un taller de estucados y con 19 se traslada a Berlín donde entra en el taller de Bruno Paul. A los pocos meses realiza su primera construcción por recomendación de este: la casa del filósofo Riehl en Postdam a las afueras de Berlín.

Tiempo más tarde trabaja en el estudio de Peter Behrens donde proyecta fábricas, viviendas para los trabajadores, muebles, productos industriales, papelería, carteles, anuncios, escaparates y mucho más para la empresa AEG. Behrens proclama con ello la unión de arte e industria y Mies tiene la oportunidad de conocer a dos arquitectos que también trabajan allí y se convertirán en grandes: Walter Gropius y Le Corbusier.

A los 26 años, tras mucho esfuerzo, crea su propio estudio. En esta época se adhiere a diversos movimientos de vanguardia como Novembergruppe, y empieza a realizar proyectos revolucionarios. Mies, que no estudió arquitectura, y ni tan siquiera finalizó el bachillerato, considera que es más difícil diseñar una silla que un rascacielos. También en esta época se casa con Ada Bruhn, y se traslada a vivir a Werder, a las afueras de Berlín, donde nacerán sus tres hijas. Durante la Gran Guerra, Van der Rohe es destinado con el ejército a Rumanía. A su regreso, se separa de su mujer.

En 1927 dirige en Stuttgart la construcción de la Colonia Weissenhof, un proyecto de viviendas experimentales donde conoce a la diseñadora Lilly Reich, que se acabará convirtiendo no solo en compañera profesional sino también en pareja sentimental.

En 1929 recibe el encargo de proyectar el pabellón nacional de Alemania para la Exposición Internacional de Barcelona, edificio que se convertirá en una de sus grandes obras y un referente de la arquitectura universal. Van der Rohe parte de una pieza de ónice que descubre en su visita a un almacén de mármol en Hamburgo y crea un templo de la modernidad con cristal, acero y cuatro tipos distintos de piedra; con un techo blanco plano, sostenido por 8 columnas muy delgadas de cromo pintado, que flota por encima de muros-cortinas de mármol verde. La intención es que el pabellón sea en sí mismo el objeto a exponer, y simboliza el carácter demócrata y progresista de la nueva república de Weimar y la recuperación de Alemania tras la finalización de la Primera Guerra Mundial. En su interior, sin apenas mobiliario, destacan las sillas Barcelona, diseñadas junto con Lilly Reich, e inspiradas en las sillas plegables y los apoyapiés en forma de X de los faraones.

Serán las que ocupen los reyes de España durante la inauguración. Una cortina roja y una alfombra negra combinadas con el color amarillo del ónice de la pared representan los colores de la bandera alemana. Todo ello completado con una escultura de Georg Kolbe: *La Mañana*, situada en un pequeño estanque.

Este pabellón forma parte de mi imaginario de la arquitectura: el Movimiento Moderno; el edificio de la Bauhaus, de Gropius; la iglesia de Notre Dame du Haut, en Ronchamp, de Le Corbusier; la Casa de la Cascada, de Frank Lloyd Wright o la iglesia de las Tres Cruces, en Imatra, de Alvar Aalto. Siempre he creído que por su ligereza, pulcritud y transparencia, Mies rinde tributo con él al Dry Martini, una de sus pasiones.

El día de la inauguración, el rey de España Alfonso XIII pregunta: «¿Para qué sirve?», y Mies le responde: «Para ser bello». Poco después, tal y como se precia en algunas fotografías, ambos brindaban con sendos Dry Martinis.

Allí presentamos el 20 de abril de 1999 el libro del que fui promotor: *29 Dry Martinis*. Veintinueve relatos inéditos de autores como Eduardo Mendoza, Maruja Torres, Alicia Giménez Bartlett, Joan Barril o el Gran Wyoming, entre otros, dedicados al rey de los cocktails; con ilustraciones de Joma y diseño de mi entrañable Carlos Rolando.

Meses después de la inauguración del pabellón de Barcelona, Mies es nombrado director de la Bauhaus, donde permanece 3 años hasta que el partido nazi gana las elecciones y clausura la escuela. El auge del nazismo y la propuesta de convertirse en director del Instituto de Tecnología de Illinois, en Chicago, le llevan a emigrar a Estados Unidos en 1937, donde llega con una sola maleta que contiene tres cuadros: uno de Mondrian, uno de Klee y uno de Kandinski.

Mies viste elegantes trajes negros, cortados y confeccionados por los famosos sastres vieneses Knize, fuma Montecristos y le encantan los Gibson. Sus 3 necesidades perentorias son: Martinis, habanos y buena ropa. Enseña a sus alumnos a afilar el lápiz y a trazar 10 líneas paralelas en el espacio de 1 milímetro. Su objetivo es conseguir la unión perfecta de 2 líneas en ángulo recto; para él no existe otro, como apenas tampoco las líneas curvas.

En 1957, José Mª Bosch, presidente de la licorera Bacardí, impresionado tras ver el Crown Hall que había proyectado para el IIT de Chicago, le encarga la sede de las oficinas de la compañía en Santiago de Cuba. Ambos conectan tras manifestar Bosch a Mies: «Mi ideal de oficina es aquella en la que no hay tabiques, donde tanto jefes como empleados se ven unos a otros». La revolución cubana obliga a la familia Bacardí a exiliarse. Es entonces cuando deciden instalar su destilería y oficinas en México. El edificio se construye entre 1957 y 1961 sin que Mies visite México ni una sola vez. En 2001 es declarado Patrimonio Mundial por la Unesco.

A los 68 años, Mies realiza una de sus obras más emblemáticas: el edificio Seagram en New York, rascacielos de 37 plantas de vidrio y bronce, que realiza asociado a su buen amigo Philip Johnson, ya que no le dejan afiliarse al American Institute of Architects, al carecer del título de arquitectura. La elegancia del edificio, que se convierte en un icono, aumenta la reputación de la compañía, sus ventas y el precio de su whisky. En sus bajos se creará el famoso restaurante Four Seasons, uno de los espacios más especiales que he tenido la oportunidad de visitar.

Mies, gran bebedor, se incorpora a trabajar en su despacho a las 11 de la mañana y a las 12.30 toma sus dos primeros Martinis, su momento martini lounge; antes de acabar el día, llegará a consumir hasta cinco más.

En el verano de 1965, Mies visita Madrid, donde queda extasiado al contemplar el Palacio de Cristal del Parque del Retiro, obra de Francisco Asís Cabrero. Su espacio vacío y el atardecer madrileño le seducen. Mies afirma exultante: «Esto es, esto es…».

El 17 de agosto de 1969 Mies, consumido por la artritis, muere en Chicago y deja uno de los más importantes legados que un arquitecto haya podido crear. El objetivo de su vida fue construir la obra de arte total, lo más próximo a la pureza formal. Su dominio de las proporciones, del proceso constructivo, la elegancia en la selección de materiales y sus lemas —«Menos es más», «Dios está en los detalles» y «La belleza es la manifestación de la verdad»— forman parte de la historia de la arquitectura.

LA PASIÓN
DE ROMERO BRITTO

Descubrir la obra de Romero Britto es como un rayo de sol que atraviesa la bruma e ilumina con una sonrisa. Pop en esencia; Britto es continuador del camino abierto por el referente Lichtenstein.

Nacido en una modesta y numerosa familia de Recife, en Brasil, el 6 de octubre de 1963, a los 8 años es tanta su pasión que pinta y dibuja sobre hojas de diario o cartones. A los 14 realiza ya su primera exposición. En 1983 se traslada a París, en un recorrido iniciático para impregnarse de la obra de Matisse y Picasso; sus primeros trabajos son fruto de la combinación del cubismo con el pop.

Tras moverse por diversos países europeos, en 1988 se instala en Miami, donde alcanzará proyección internacional. Fija su estudio en Coconut Grove, donde expone su arte en las calles; a partir de ahí diversas galerías acogen su obra, hasta que Michael Rous, presidente de Absolut Vodka, lo descubre y le invita a participar en una campaña publicitaria internacional con artistas de renombre como Andy Warhol, Keith Haring, Kenny Scharf o Ed Ruscha. Los anuncios acercan su arte al gran público y le dan reconocimiento a escala mundial. A partir de ahí realiza trabajos para Pepsi, Grand Marnier, Disney, IBM, Bentley o Campari, y para instituciones como la FIFA, el Festival de Montreux o los juegos de Pekín. Sus esculturas se han podido ver en el O2 Stadium Dorna de Berlín, en el Hyde Park de Londres, en el aeropuerto de Moscú o en el John F. Kennedy de Nueva York; en montajes como el del Cirque du Soleil en la Superbowl, o en el carnaval de Río de Janeiro, para el que creó una fantástica y colorida carroza para una *rua*. La presidenta de Brasil, Dilma Rousseff, le ha encargado el diseño del logo de un proyecto relacionado con la maternidad y los bebés que afectará a más de 61 millones de brasileños.

Sus colaboraciones también llegan a diseñar menús con sus dibujos para restaurantes, y su pasión por la coctelería me permitió aproximarme a él; aunque descubrí casualmente su obra a través de las grandes cristaleras de su Museo-Shop, donde se encuentra su obra permanente, paseando con mi esposa por Lincoln Avenue.

Romero Britto.

Pasión por la vida.

EL ÚLTIMO TANGO EN PARÍS

Maria Schneider y Marlon Brando bordean el precipicio de la locura entregados a un desenfreno sin fin y vaciados en la garganta abierta de la pasión. Su encuentro en el apartamento que ambos pretenden alquilar es épico, lleno de sensualidad y de sexo animal. Un Brando que ya ha reñido con el músculo de la juventud brinda una actuación única, llena de ternura y de rabia.

Está de vuelta de casi todo y llora de verdad como solo un hombre que ha bebido y vivido puede hacer.

El brutal encuentro con su ajada esposa desangrada, sus rezos y rabias, su impotencia. El marco desangelado y cruel de la pensión, hogar de gentes extrañas, de encuentros rápidos. Su conversación con Marcel, el amante de su mujer, un doble de sí mismo que bebe el mismo bourbon que él sin gustarle.

María, con un elegante padre, el coronel, ya fallecido. Brando, con un padre peleón de taberna, amigo de prostitutas, vulgar y borracho. La madre una mujer romántica y también borracha. Sus juegos, ella Caperucita, él el Lobo. Ella, lanzada en sus brazos, harta de un novio buen chico. Él, con su no querer saber nada de vidas anteriores, falto de cariño, golpeado por la vida. Son encuentros sin cita, ansiando encontrar al otro en un inmueble desangelado.

Deambulando por calles de París. Su tango en el salón de baile. Rostros ajenos que les observan. Bebiendo un champán de mentira, mezclando sus vidas, arañando la pista. Y él, como despedida, enseñando su culo a los que les rodean. A la vida.

Días más tarde, una María totalmente caótica, embriagada por un amor obsesivo, inicia su huida. Corre, mientras él la persigue; al fondo, la música de Gato Barbieri, su saxo envolvente emborracha corazones que se han llenado de alcohol. Llega a su casa, Brando entra por fin en el mundo de ella, la abraza. Suena una detonación, la pistola del coronel. Un Brando herido de muerte camina zigzagueante hacia la terraza, hacia el cielo. Girándose, enfrentado a ella, se apoya en la barandilla, saca un chicle de su boca y lo pega en el frío hierro. Su mirada llena de ternura va dirigida a un infinito ya inalcanzable. Cae muerto.

Para ella «era un desconocido, un loco que me perseguía, intentó violarme, por eso le disparé».

Caso cerrado.

Bernardo Bertolucci, Gato Barbieri, Maria Schneider, Brando.

Gracias.

FRANK SINATRA

El 14 de mayo de 1998 las emisoras de radio y televisión de todo el mundo interrumpieron sus emisiones para lanzar al mundo una triste noticia: la muerte de Francis Albert Sinatra, la Voz.

Sinatra, hijo único de inmigrantes italianos, nació el 12 de diciembre de 1915 en Hoboken, Nueva Jersey, desde donde se podía distinguir el *skyline* de Nueva York, que anunciaba el paraíso.

Después de realizar todo tipo de trabajos, en 1935 se inicia como cantante amateur después de sentirse atraído por las voces de Bing Crosby y Billie Holliday. En 1939 entra en la banda de Tommy Dorsey y pasa allí tres años en los que adquiere una gran experiencia. Fue en aquella época cuando le apodaron «la Voz».

Después llegó el éxito. El mito Sinatra crece como la espuma. Su lema es: «Tienes que amar la vida, *baby*, porque morirse es una faena». Su estilo de vida consiste en no bostezar nunca delante de una dama, llevar impecable la raya del pantalón, no cruzar nunca las piernas al sentarse, llevar relucientes zapatos hechos a medida y hacerse servir siempre los Martinis con dos aceitunas para poder ofrecer la segunda a su acompañante. Vestir siempre de etiqueta por la noche, pero nunca los domingos, no meter las manos en los bolsillos de la chaqueta y llevar el sombrero siempre bien puesto. Beber el bourbon siempre bien frío con dos rocas de hielo y dar buenas propinas, pero siempre con discreción.

Y las mujeres, ¡ay!, las mujeres... Cuantas más mejor, pero siempre con mucha clase, discretamente perfumadas, poco fumadoras, con escotes controlados, que supieran beber, ni mucho ni poco y, sobre todo, que fueran simpáticas. Frank ejerció de seductor. Su primer matrimonio fue con Nancy Barbate, también de sangre italiana. Uno de sus biógrafos afirma que fue después de ver una película de Bing Crosby con Nancy cuando Sinatra decidió casarse con ella y dedicarse a la canción. Fue la madre de sus tres hijos.

Es en esta época cuando empieza a ser asociado con la Mafia. Sus encuentros con Lucky Luciano en La Havana son notorios. También fue acusado de comunista y tuvo problemas durante la caza de brujas, pero él era libre, le gustaba ir a su aire.

En 1950, Sinatra entra en una profunda crisis. Su relación con Ava Gardner provoca que su mujer decida divorciarse y, paralelamente, pierde sus contratos con Columbia, MGM y con su agente. Dos semanas después del divorcio, Sinatra se casa con Ava Gardner y, gracias a sus relaciones con la Mafia, obtiene el papel del soldado Angelo Maggio, que le proporcionará un Oscar y el billete de salida del pozo en el que se encuentra. En *El Padrino* de Coppola aparece el personaje de Jimmy Fontaine, un protegido de Vito Corleone que consigue un contrato que le permite relanzar su carrera después de hacer un favor al capo. El paralelismo es claro y el odio de Sinatra hacia Mario Puzo, autor de la novela original, de todos conocido.

Después de esto, la Voz ficha por Capitol Records y relanza su carrera. Dos años después protagoniza *El hombre del brazo de oro*, de Otto Preminger, donde da vida a un jugador de cartas y aspirante a batería morfinómano. Mientras tanto, su relación con Ava es tumultuosa: «Todos nuestros problemas pasan fuera de la cama; las peleas empiezan cuando vamos a desayunar». En 1957 tiene lugar la última pelea y la relación se rompe definitivamente. Sinatra queda destrozado.

En 1958, decide crear el Rat Pack junto con Dean Martin, una cofradía de la que también formarían parte Sammy Davis Jr., Peter Lawford, Joey Bishop, Shirley MacLaine y Angie Dickinson. Sus juergas eran épicas y una larga lista de bares acogió sus monumentales borracheras. Sus cocktails favoritos eran el Dry Martini y el Manhattan; su trago con hielo: Jack Daniel's.

En 1966, Sinatra se casa con una virginal Mia Farrow de solo 19 años (él tenía casi 50). La unión fue un fracaso estrepitoso y se separaron al año siguiente, cosa que no impidió que, años después, se ofreciera a romper las piernas a Woody Allen cuando salió a la luz que este tenía una relación con la hija adoptiva de Farrow.

La lista de amantes de la Voz es interminable: Kim Novak, Marilyn Maxwell, Lauren Bacall (ya viuda de Bogart), Marilyn Monroe, Marlene Dietrich, Judy Garland, Lana Turner, Natalie Wood, Elizabeth Taylor, Angie Dickinson, Victoria Principal... Su historia con Jacqueline Kennedy Onassis

solo duró una noche de otoño: empezó en el famoso Club 21 de Nueva York y acabó en una lujosa suite del Waldorf Astoria. Hasta Carmen Sevilla contaba que: «Durante el rodaje de *Orgullo y pasión* Sinatra se enamoró de mí, solterísima entonces, y me invitó a cenar varias veces. Íbamos a bailar al Rex y cada mañana me enviaba a casa un ramo de rosas rojas. ¡Qué ojos azules!».

El 1976 Sinatra contrae su último matrimonio, con Barbara Marx, viuda de Zeppo Marx, que fue su apoyo hasta el último día.

Cuando Gorbachov abrió las puertas de la libertad a Europa del este, propuso aplicar la doctrinae Sinatra: que cada país haga las cosas a su manera. La letra de la canción dice: «He vivido la vida en plenitud, he recorrido cada uno de los caminos, pero mucho más que eso, lo he hecho a mi manera. He amado, he reído y he llorado. He tenido mis satisfacciones y mi cuota de derrotas y ahora, mientras las lágrimas se diluyen, lo encuentro todo muy gracioso».

El día de su muerte, la puerta de su casa natal en Hoboken apareció cubierta de flores, velas, copas de Martini vacías e incluso una botella de Jack Daniel's.

Frankie, no dejes de cantar en el cielo. Hay mujeres hermosas por seducir.

Frank Sinatra, ¡gracias!

MARATHON DES SABLES

En 1997 participé en un maratón muy especial: el Marathon des Sables, una carrera a pie de 220 km por etapas, seis en siete días, y con autosuficiencia alimentaria; cada atleta está obligado a llevar los alimentos y su propio equipamiento a lo largo de toda la prueba: una mochila con un peso mínimo de 5 kg y máximo de 15 kg. El agua es el único producto que la organización suministra a lo largo de todas las etapas en los diferentes puntos de avituallamiento, agua sola o cargada con electrolitos. La prueba está seguida por personal de la organización, todoterrenos y helicópteros, y se pernocta en tiendas de campaña al aire libre.

En 1997 fuimos 360 corredores de 29 nacionalidades. En la edición anterior habían participado solo 2 españoles, pero en aquella ocasión éramos 2 equipos de 15 corredores cada uno. Ese año, el Marathon des Sables atravesó los fabulosos paisajes saharianos del sur de Marruecos. Dunas, arena suelta, pistas de tierra, terreno pedregoso, volcánico... En las horas de máximo sol, la temperatura podía llegar a los 50 °C.

Llegamos a Ouarzazate, la puerta del desierto, a las 12 de la noche. Conmigo llevaba la mochila cargada con alimentos liofilizados, vitaminas, ropa, etc., y la maleta de aluminio especialmente preparada con mis útiles de trabajo para hacer Martinis: vaso mezclador, cucharilla, gusanillo, aceitunas, palillos, tres copas, una botella de Gordon's y una de Noilly Prat, todo rodeado de porexpán.

En Ouarzazate nos esperaban para llevarnos al restaurante más emblemático de la población: Dimitri-Chez Pierre. Mientras llegaban las ensaladas, los panes y el cordero, observé una botella de ginebra Larios y me lancé a los Martinis. Serían los últimos Martinis helados que tomaríamos hasta el final de la carrera. Al día siguiente, y después de trasladarnos en autocares y en camiones militares, tras 6 horas de viaje, llegamos a Foum Zguid, en pleno desierto. Nos instalamos en jaimas y compartí hogar con dos corredores marroquíes (uno de ellos ganó 2 de las etapas y su hermano fue el vencedor de la prueba). Allí elaboré mi primer Martini del desierto, sin hielo, para compartir con el resto del equipo. Cada Martini fue como una joya. Uno cada noche.

Vivimos aquellos días de un modo ascético, entrando dentro de nuestros sacos a las 8 de la tarde y levantándonos a las 5.30 de la mañana; con frío, pero llenos de energía. Yo corrí bajo la bandera del Dry Martini, detalle que causó gran sensación entre los periodistas internacionales que cubrieron la carrera.

Mi maleta de barman se la cedí antes de iniciar la primera etapa, en una ceremonia llena de emoción, al único periodista español presente en la prueba, Marc Ripoll (Mac Mac). Él cuidó el valioso contenido y nos dio aliento y ánimo a todos los españoles.

A partir de ahí nos esperaba arena. Arena ardiente. Arena que llegaba hasta el horizonte. Colores cambiantes, dunas apiladas por el viento y altas como minaretes. Fascinante, grandioso e ilimitado, el desierto comienza una y otra vez donde la arena, el sol y el viento se unen para engendrar el infinito. El zorro del desierto asoma sus orejas. Un escinco repta por ellas. El búho gran duque ulula. El desierto está lleno de vida. Pocos hombres pueden afirmar conocer sus secretos.

Después de 7 días, llegamos a la meta tras chocar nuestras manos cientos de veces con niños, mujeres y hombres que nos acompañaron a lo largo de todo el recorrido de la última etapa. Nuestros últimos 300 metros fueron jaleados por los habitantes de Tagounite, así como por el resto de corredores. Todo el equipo de San Miguel, con su color amarillo, en línea y caminando se dirigió a la meta. Levanté mi copa –mi cáliz–, que hasta ese momento había llevado en una bolsa colgada en la cintura, le añadí la aceituna con palillo y serví de una pequeña botella donde la Gordon's había sido acariciada por unas gotas de Noilly. Brindé a todos y por todos mientras entramos en la línea de meta con el sabor del Dry Martini en nuestros labios.

Allí fuimos abrazados y agasajados mientras Patrick Bauer —creador y valedor del Marathon des Sables— nos colgó la medalla que acreditaba que habíamos finalizado la prueba. Una prueba donde prevaleció la solidaridad, la sencillez y la chispa. Recuerdos que están en mi memoria. Personas que no olvidaré jamás.

Y al llegar al aeropuerto de Barcelona, Lourdes, mi mujer, me acogió. En casa me preparó el mejor Dry Martini que he tomado en mi vida.

¡Gracias!

EL BEBER DE CINE, DE JOSÉ LUIS GARCI

Beber de cine es una fantástica obra escrita por el oscarizado director José Luis Garci. Es un libro memorable y de lectura obligada para todos aquellos que tenemos los bares como punto de referencia de nuestras vidas. En él, Garci nos dice que la coctelería es arte, religión, inspiración, disciplina, vocación y ritmo; aunque no necesariamente en este orden. Como bien dice, beber no es emborracharse. Contemplar la vida a través de una copa requiere carnet. El carnet de bebedor deja claro que no hay que ingerir más de tres Gin Fizz o un par de Negronis, y ni uno más. Si rebasas el tope aparece el lado oscuro de tu carácter. Uno tiene que conocer su límite.

José Luis Garci nos apunta en su libro los diez cócteles que para él cambiaron el mundo. Para mí, también.

Bloody Mary. El mejor antídoto contra la resaca. Como él apunta: la purga del pecado. Uno debe tener muy en cuenta que el mejor momento para preparar un buen Bloody Mary nunca es tu mejor momento.

Caipirinha. Es como una catarata de fuego verde, una bebida alegre pero peligrosa por su gran poder de seducción. Son los ojos de Ava Gardner.

Daiquiri. Coincido con él en lo desolado que quedó al probar aquellas pócimas irreverentes, preparadas con batidoras eléctricas para turistas floreados que acuden como peregrinos al Floridita. Probé los mejores en la barra redonda del antiguo Hilton, llamado Habana Libre cuando lo conocí, hace ya unos años.

Dry Martini. ¡Qué decir del rey! Para Garci es una bala de plata que, en vez de matarte como al hombre lobo, reaviva tu corazón y, además, es la Biblia de los cócteles. Un acontecimiento en la historia de la cultura. Y para mí, un estilo de vida.

Gimlet. Como escribe Garci, es a los cócteles lo que la voz en off a las películas de cine negro. Te permite vislumbrar el deseo, la violencia, el odio, la belleza, el rencor, el arte, la vida, la muerte y esa anestesia llamada amor. Mi origen como oficiante está en el Gimlet.

Gin Fizz. Los predilectos de Garci son los del bar del Hotel Palace de Madrid. Como dice Garci, los Gin Fizz nos susurran cosas de un tiempo pasado que descubren que parte de lo moderno siempre viene de antiguo. El Gin Fizz hay que tomarlo en ayunas o casi. Gin Fizz es lo que bebían en Las Vegas de la década de 1950 Sinatra y el resto de *La cuadrilla de los once*.

Manhattan. Garci nos recomienda que lo mejor es tomar un Manhattan en Manhattan. Es el combinado urbano por excelencia. Cada trago nos aproxima a lo que hemos visto en cientos de películas.

Margarita. Nos acerca a las montañas de Sierra Madre, donde los Houston, Bogart y Tim Holt merodearon en busca del oro de los perdedores. La mejor receta para combatir la melancolía y el mal de amores.

Negroni. Es un cocktail de terraza, sol y periódicos. A ser posible, debe tomarse en Roma, en una *trattoria* de la plaza Navona. Antes de beber, hay que levantar la copa al sol para que los rayos incendien esa granada líquida que se balancea en el hielo, un mar rojo de icebergs y música de Nino Rota. Así es para Garci. A mí me gusta frío, sin hielo y con una piel de naranja.

Whisky Sour. Garci cuenta que Faulkner lo puso de moda en el Hollywood de los años cuarenta del siglo pasado. Cuando este inició a su amigo Nunnally Johnson en el secreto del cocktail, la borrachera duró tres semanas. Acabaron en un albergue de parados.

ÁLVARO MUTIS

Años atrás asistí en el Aula Magna de la Universidad de Barcelona a un acto de presentación homenaje a Álvaro Mutis, con motivo de la reedición de dos libros suyos de relatos.

Entre los diversos oradores que hubo, destacó la intervención de Juan Luis Panero. Fue el suyo un apunte muy agudo y breve, lleno de ingenio. En mi mente aparecen imágenes de la película *El desencanto* de Jaime Chávarri donde se narra la vida de los Panero: Felicidad Blanc, Juan Luis, Leopoldo María, Michi. Vidas muy vividas.

Cuando por fin pudo hablar Álvaro Mutis, el auditorio disfrutó con su dulzura y simpatía. Sus semblanzas eran escuchadas con veneración. Rápidamente dio paso al diálogo con los universitarios. «Acostumbro a ir acompañado de un buen amigo, que me hace las primeras preguntas –dijo mientras nos acariciaba con una cálida sonrisa–, es una buena manera de romper el hielo, pero hoy no ha podido venir.»

Abrió el tercio una muchacha colombiana, copatriota suya, dándole las gracias por su presencia en Barcelona. Se produjo a continuación un breve silencio, que, ante mi estupefacción, la presidencia de la mesa aprovechó rápidamente para dar por finalizado el acto. Fue un final desagradecido. Yo, lleno de rabia por no haberle preguntado tantas cosas como quería. Cuando ya estaba preparado, la mesa se adelantó en un fatídico último segundo.

Aquella posibilidad perdida, el hecho de que no hubiese más oyentes que quisieran empaparse de sus respuestas, de su conversación, me hizo sentir muy mal. Maldije mi no atrevimiento, mi falta de rapidez. Después de esperar a que una inacabable riada humana acercase sus libros para que les fueran dedicados —¡gran paciencia la suya, don Álvaro!—, atrincherado entre los demandantes de autógrafos, pude ver cómo se le acercaba un personaje al que yo tenía visto de otras ocasiones en distintos sitios de la ciudad, siempre con el mismo traje gris condecorado con unos cuantos lamparones, camisa blanca con el cuello raído y corbata negra brillante. Después de presentarse y de ser acogido por Álvaro Mutis con un cálido abrazo, le dijo que se anotara su dirección. Como si me activaran un resorte, como si fuera una bomba con espoleta retardada, me convertí en un hombre atrevido y me abrí paso a codazos hasta la mesa de Mutis.

Finalmente le pude entregar el sobre que llevaba. En su interior: el libro de José Luis Garci *Beber de cine* y una carta donde le manifestaba la ilusión que tenía por que pudiera colaborar en el libro que estaba preparando de relatos inéditos sobre el Dry Martini. Insistí a uno de sus acompañantes para que cuidara del paquete y que no se perdiera o se quedara olvidado.

Después de esto me fui, cabizbajo, y decidí ir a mimar mis penas con unos Martinis a Boadas.

Fue una manera de homenajear a Ilona, Abdul, Maqrol. Fue una manera de brindar por don Álvaro Mutis.

Días más tarde, mientras comía con mi amigo Arturo San Agustín, no sé en qué punto de la conversación le comenté lo que me había sucedido en la presentación del Aula Magna. Arturo me dijo: «No, no es posible. Precisamente estuve charlando con Álvaro Mutis y me dijo que se iba muy entristecido porque en el encuentro con los universitarios en Barcelona, tierra a la que se siente vinculado, exceptuando una compatriota suya, nadie le había hecho preguntas». Imagínense la cara de idiota que se me puso.

La obra literaria de Álvaro Mutis es de gran maestro. Álvaro nace en Bogotá en agosto de 1923. Hijo de diplomático, pasa su infancia a caballo entre Bruselas y Coello, la finca de su abuelo materno en Colombia. Esas vivencias dejan profunda huella en Mutis: su fascinación por el mar, los barcos y los viajes, que tienen su origen en esos desplazamientos de Europa a Colombia en pequeños barcos mitad de carga, mitad de pasajeros. A los 19 años se inicia como periodista y, más tarde, trabaja como relaciones públicas para Esso, Standard Oil y Columbia Pictures. En 1956 se establece en México tras tener que abandonar Colombia por un cinematográfico episodio. Es allí donde nace su amistad con Luis Buñuel, Carlos Fuentes y Octavio Paz. Detenido por la Interpol y encarcelado durante unos meses en la prisión preventiva de Lecumberri, esta cruel experiencia cambiará su visión de la vida, del dolor y de los sentimientos humanos, algo que se verá reflejado en su obra literaria.

En 1986, Mutis publica su primera novela sobre Maqroll el Gaviero, el protagonista de sus escritos, un personaje que encarna muchos detalles de la personalidad y la vida del propio Álvaro; una de las más perfectas y bellas historias de amor escritas que he tenido la oportunidad de leer. En ella se recogen referencias a bares, a barmen y a múltiples cocktails. Relator en primera persona, Maqroll narra sus visitas al Boadas barcelonés, cuando Abdul, su amigo del alma, está encarcelado en la ciudad. Allí, después de trasegar varios Martinis a la búsqueda de la fórmula ideal, entabla incipiente pero eficaz amistad con un funcionario del consulado inglés que conseguirá después de variadas gestiones liberar a su amigo.

Maqroll es el protagonista de nada menos que 7 novelas, agrupadas en la antología *Empresas y tribulaciones de Maqroll el Gaviero.*

En uno de los encuentros que Álvaro y yo tuvimos en el Dry Martini Bar de Barcelona, tras ir a buscarlo al hotel Majestic, donde siempre se alojaba, y acompañado por Carmen, su mujer, me pidió mientras conversábamos si podía hacerle un favor; yo le contesté que por supuesto, si de mí dependía, y entonces, bajando el tono de voz, me confesó que su gran ilusión era poder oficiar un día dentro de la barra de un bar. Le abrí la puerta inmediatamente y le acompañé hasta la *misse en place*, donde me convertí en su privilegiado ayudante. Me dio las gracias con un guiño emocionado y allí estuvo oficiando, preparando Martinis.

Gracias a ti Álvaro.

Gracias por tu forma de ser, gracias por tus páginas escritas.

WILLIAM FAULKNER

William Faulkner nace un 25 de septiembre de 1897 en New Albany, Mississippi (Estados Unidos), en una época en que las esperanzas de las generaciones se desmoronan. Días teñidos de aviadores, en que viejos fantasmas confederados queman cruces y destilan whisky de grano; un mundo que se abre paso a dentelladas entre industrias de automóviles, tabaco y algodón.

Los Falkner —el autor añadió la letra «u» a su apellido— era una familia tradicional sureña. A los 18 años, William trabajó en el banco de su abuelo, y durante la Primera Guerra Mundial consiguió alistarse en la RAF tras ser rechazado por el ejército estadounidense debido a su corta estatura. Después de la guerra, entra en la Universidad de Mississippi, pero a los pocos meses deja los estudios y trabaja de pintor de casas y cartero.

En 1921 ejerce como periodista en Nueva Orleans y allí conoce al narrador Sherwood Anderson. Gracias a él decide convertirse en escritor y este le ayuda a encontrar un editor para su primera novela, *La paga de los soldados* (1926). Después pasa una temporada viajando por Europa y Joyce se convierte en un referente en su vida. A su regreso empieza a escribir una serie de novelas ambientadas en el condado ficticio de Yoknapatawpha, donde transcurren gran parte de sus escritos. Microcosmos vital donde surgirán la mayoría de sus personajes. Un mundo que le sirve de pretexto para mostrar ruinosos y arruinados personajes sudistas y del cual es fiel modelo su propia familia.

A su primera novela le seguirán, entre otras, *Sartoris*, *Luz de agosto*, *¡Absalón, Absalón!* o *Una fábula*, que fue galardonada con el premio Pulitzer.

Fue tras la publicación de *Luz de agosto* en 1931 cuando Faulkner, al igual que Hemingway y Fitzgerald, inicia su carrera como escritor de guiones cinematográficos. Después de trabajar para Metro y Fox, por fin le llega el éxito con la Warner, para la que escribe 11 guiones, entre los que destaca la maravillosa adaptación que realiza para Howard Hawks de la novela de Raymond Chandler: *El sueño eterno*, protagonizada por Lauren Bacall y Humphrey Bogart. También son obras suyas *Tener y no tener* y el cuento en que se basa el guion de *El largo y cálido verano*.

Su educación calvinista le obliga a cumplir responsablemente con su cuota diaria de palabras escritas, sin importar el nivel de alcohol que circule por sus venas. Cada vez que una mujer lo rehúsa, cada vez que le rechazan un escrito, entra en una escalada etílica que culmina en internamientos y cláusulas especiales en sus contratos de trabajo, con penalizaciones económicas en caso de ser visto con una copa en la mano. Tiene una habitación pagada permanentemente en un hospital de Memphis para recuperarse de sus periódicas crisis alcohólicas y, de esta manera, no interrumpir su trabajo. Faulkner decía: «Cuando tomo una copa, me siento más grande, más sabio, más alto. Después de la segunda me siento superlativo. Si bebo más, ya no puedo contenerme».

El autor puso de moda el Whisky Sour en el Hollywood de los cuarenta.

Tal como escribe José Luis Garci en su libro *Beber de cine*: «[...] metió en las gargantas de sus amigos directores, productores, intérpretes y demás parásitos del espectáculo la belleza y majestuosidad del Mississippi, la melancolía de los barcos con aspas, casinos flotantes, póquer sin límites; la sensualidad de las siestas en mecedoras bajo los porches de madera; la humedad de las miradas al anochecer, mientras el sol se agazapaba tras los campos de algodón».

En las novelas de Faulkner siempre hay un personaje, o varios, que beben apasionadamente Whisky Sour en destilerías clandestinas, mientras fuera se abate el calor y la Ley Seca sobre los campos de algodón de los estados del sur.

Dicen que en 1949, cuando bajó del avión que le llevó a Estocolmo para recibir el Nobel, William Faulkner iba más borracho que todos los galardonados de la historia juntos; sin embargo, en un bolsillo de su americana llevaba escrito el más bello discurso jamás pronunciado en una entrega de dichos premios, en el que abogaba por la reconciliación racial

Poco antes de su muerte, en 1962, declina una invitación de los Kennedy para ir a la Casa Blanca: «Ciento cincuenta kilómetros es una distancia demasiado larga para ir a cenar. Díganle a Kennedy que, a mi edad, uno es demasiado viejo para viajar tan lejos solamente para cenar con unos extraños».

GRANDES MARIDAJES POR LOS MEJORES CHEFS

Y

COMBINACIÓN CUBANA

Clásico aperitivo ligeramente dulce con notas de naranja amarga y vermut italiano.

INGREDIENTES

1 golpe de angostura
3 cl de curaçao rojo
3 cl de vermut Martini Rosso
3 cl de ginebra Bombay Sapphire

ELABORACIÓN

Vaso mezclador

DECORACIÓN

Ramita de menta, rodaja de naranja o pomelo y una cereza al marraschino

TIPO DE COPA

Vaso *highball*

PREPARACIÓN

Removemos los ingredientes en un vaso mezclador con abundante hielo.

Servimos el cocktail en un vaso con hielo.

Finalizamos con la decoración.

CARLOS ABELLÁN

Restaurante Tapas 24

CEVICHE DE CORVINA

INGREDIENTES

PARA EL MARINADO DE CEVICHE

250 g de cebolla roja

350 ml de zumo de lima

goma xantana

cilantro

PARA LA CREMA DE MAÍZ

320 g de maíz dulce en grano

4,4 g de pasta de ají amarillo

11 ml de marinado de ceviche

sal

PARA EL CEVICHE DE CORVINA

250 g de corvina

½ cebolla tierna

160 g de aguacate Hass

4 g de salsa de habanero

4 cucharadas soperas de *basil cress* (germinado de albahaca)

4 g de chile chipotle

160 mg de crema de maíz

sal

pimienta

ELABORACIÓN

En primer lugar preparamos el marinado. Para ello, pelamos la cebolla y la cortamos en juliana fina con la mandolina. Exprimimos las limas y rompemos a mano el cilantro para evitar la oxidación. A continuación, lo mezclamos todo y lo dejamos reposar en la nevera durante 24 horas. Colamos y texturizamos con un poco de goma xantana (3 g por litro).

Para la crema de maíz, colamos las latas y reservamos un poco del líquido. Trituramos el maíz en la Thermomix o similar y añadimos un poco del líquido hasta obtener una crema espesa. La colamos por un colador fino. Añadimos sal, el marinado de ceviche y el ají amarillo.

Fileteamos finamente la corvina en corte tipo sashimi y reservamos. Cortamos el aguacate en láminas finas y reservamos. Cortamos la cebolla tierna en juliana fina y la reservamos en agua con hielo.

Marinamos en un bol la corvina fileteada con unas gotas de salsa de habanero y el marinado de ceviche. Mientras tanto, disponemos en un plato a capas una base de crema de maíz, ponemos encima de esta 3 láminas de aguacate y, sobre esta, la cebolla tierna. Salpimentamos. Repartimos la corvina en el plato y, encima de cada lámina, ponemos un punto de ají amarillo y un brote de germinado de albahaca.

Acabamos con un chorro de aceite.

DOLCE ELISIR

Deliciosa combinación de chocolate y cítricos. Muy delicado y con originales notas frescas y picantes.

INGREDIENTES

3 gotas de Droplets Fresh Ginger
1 cl de clara de huevo
1 cucharadita de sirope de agave azul
6 cl de zumo fresco de pomelo
1 cl de licor Mandarine Napoleon
3 cl de chocolate vodka Pancracio

ELABORACIÓN

Coctelera

DECORACIÓN

Flores Apple Blossom

TIPO DE COPA

Copa de tulipa

PREPARACIÓN

Batimos los ingredientes en una coctelera con abundante hielo.

Servimos el cocktail en una copa helada.

Finalizamos con la decoración.

PEDRO ÁLVAREZ
Chocolates Pancracio

TARTAMOUSSE ESPEJO

INGREDIENTES

175 g de galletas de chocolate
85 g de mantequilla fundida
400 g de chocolate negro en trocitos
600 ml de nata espesa
60 ml de licor de café o de Pancracio Original Chocolate Vodka

PARA EL BAÑO ESPEJO

10 g de gelatina en láminas
100 g de agua
170 g de azúcar
75 g de cacao amargo
90 ml de nata

ELABORACIÓN

Engrasamos la base de un molde de 18 centímetros desmontable y lo forramos con papel de horno.

Molemos las galletas en la picadora hasta que queden con textura de arena. Sin parar la picadora añadimos la mantequilla hasta que quede bien combinada.

Ponemos la mezcla de galletas en la base del molde y presionamos para que quede una base homogénea. Refrigeramos durante 30 minutos.

Fundimos el chocolate en un baño de vapor. Para ello, calentamos dos dedos de agua en un cazo pequeño. Sobre él, sin que toque el agua, encajamos un bol con el chocolate troceado y removemos hasta que se funda. Retiramos del fuego y enfriamos unos 30 minutos.

Montamos la nata usando las varillas eléctricas, hasta que se formen picos suaves.

Incorporamos de forma suave y envolvente, usando la espátula de goma, el chocolate a la nata montada procurando que esta no se caiga. Añadimos el licor de café o Chocolate Vodka y mezclamos bien.

Vertemos la mezcla sobre el molde preparado e igualamos la parte superior con una espátula. Cubrimos y refrigeramos durante 3 horas.

Para hacer el baño espejo, ablandamos la gelatina en agua fría. A continuación, combinamos en una cacerola el cacao, el agua, el azúcar y la nata, y dejamos hervir un minuto. Añadimos la gelatina ablandada y escurrida y dejamos toda la noche en la nevera.

Por último, calentamos el baño a 37 °C y lo vertemos sobre el postre congelado.

SHERRY OYSTER MARTINI

Aperitivo muy seco, de gran fortaleza y con notas marinas.

INGREDIENTES

1 cl de jerez fino
6 hojas de ostra
1 ostra
6 cl de ginebra Bombay Sapphire

ELABORACIÓN

Vaso mezclador

DECORACIÓN

Hojas de ostra alrededor de la copa y una ostra en su interior

TIPO DE COPA

Copa Martini

PREPARACIÓN

Removemos los ingredientes en un vaso mezclador con abundante hielo.

Servimos el cocktail en una copa helada.

Finalizamos con la decoración

ALBERT ADRIÀ

Restaurante Tickets
1 Estrella Michelin

COCHINILLO PEKÍN

INGREDIENTES

PARA LA SOJA BASE

450 g de agua mineral
10 g de hondashi
30 g de azúcar
200 g de soja
5 g de alga kombu

PARA LA MARINADA DEL COCHINILLO

700 g de soja base (elaboración anterior)
100 g de cidronela
50 g de jengibre
15 g de ajo
20 g de sriracha

PARA EL COCHINILLO

1,2 kg de costillar de cochino ibérico de País de Quercus (1 pieza)
2 kg de agua mineral
1 kg de marinada de cochinillo (elaboración anterior)
1 bolsa de vacío de 35 cm x 40 cm

PARA LA SALSA HOISIN

100 g de ciruelas pasas
7,5 g de aceite de sésamo
20 g de salsa de soja
25 g de vinagre de arroz
5 g de pasta de curry rojo
20 g de miso blanco
25 g de agua mineral
0,4 g de cardamomo verde seco
0,2 g de pimienta de Sechuan
0,2 g de anís estrellado
0,3 g de canela en polvo

PARA LA MAYONESA DE HOISIN

100 g mayonesa de calidad
50 g de salsa Hoisin (elaboración anterior)

PARA LAS BOLAS DE PEPINO ENCURTIDO

1 pepino holandés
140 g de vinagre de arroz
55 g de azúcar
100 g de agua mineral
12 g de zumo de lima
7 g de salsa de pescado
1 cucharada sopera de sal fina

PARA LAS RODAJAS DE MINIPEPINO

1 minipepino
125 g de vinagre de vino blanco
75 g de agua mineral
7,5 g de sal fina
40 g de azúcar
10 g de mostaza antigua
2 g de comino
2 g de matalahúva
2 g de Anís del mono

PARA LA HOJA DE CAPUCHINA

4 hojas de capuchina
2 hojas de ostra

PARA DECORAR

hojas de albahaca
hojas de menta
germinado de albahaca
germinado de cilantro
10 g de salsa XO

ELABORACIÓN

Para la soja base, mezclamos el agua junto con el hondashi, el alga y el azúcar y llevamos a ebullición. Retiramos del fuego y mezclamos con la soja. Reservamos.

Cortamos el jengibre en láminas, pelamos el ajo y los machacamos junto con la cidronela para que durante la cocción nos aporten más intensidad aromática.

Reservamos en un recipiente hermético junto con la soja base y la sriracha.

Ponemos a desangrar el cochinillo en un baño con agua y abundante hielo durante 2 horas. Secamos y envasamos al 100% el costillar con la marinada. Cocemos en el horno a vapor a 82 °C durante 12 horas. Retiramos de la bolsa, colamos el jugo y lo reservamos. Con la ayuda de unos guantes, deshuesamos el costillar completamente; retiramos costillas y espinazo. Colocamos el costillar entre dos papeles sulfurizados y lo prensamos entre dos bandejas planas con un peso.

Dejamos enfriar en cámara durante 8 horas. Cortamos rectángulos de costillar de 1,5 cm de ancho por 5 cm de largo. Reservamos en un recipiente tapado herméticamente.

Reducimos en un cazo sobre la plancha la marinada del cochinillo con el jugo que soltó durante la cocción hasta obtener ¾ del total. Reservamos.

Para la salsa Hoisin ponemos la ciruela, la pasta de curry rojo, el miso blanco, el aceite de sésamo, la salsa de soja y el vinagre de arroz en un robot de cocina y trituramos a máxima velocidad hasta conseguir una pasta bien fina. Trituramos la canela, el cardamomo, el anís y la pimienta de Sechuan con el molinillo de café hasta conseguir un polvo bien fino. Añadimos el polvo de especias a la pasta anterior y trituramos en el robot de cocina durante 2 minutos más. Reservamos en una manga pastelera.

Para la mayonesa de Hoisin, mezclamos la mayonesa con la salsa Hoisin con la ayuda de unas varillas. Ponemos en un biberón o en una manga pastelera con boquilla pequeña y reservamos en la nevera.

Con la ayuda de un cilindro de 1,5 cm sacamos bolas del pepino, las salamos ligeramente y las dejamos purgar por espacio de 15 minutos sobre un colador. Paralelamente, mezclamos el resto de ingredientes para hacer el encurtido con la ayuda de unas varillas. Lavamos las bolas de pepino bajo el grifo, las ponemos en un recipiente junto con el encurtido, las metemos en la máquina de vacío y las impregnamos 2 veces. Reservamos en la nevera.

Ponemos todos los ingredientes menos el minipepino en un recipiente y removemos bien con la ayuda de unas varillas. Cortamos el minipepino en rodajas de 0,5 cm de grosor y las introducimos en el recipiente con el encurtido. Ponemos en la máquina de vacío e impregnamos 2 veces. Reservamos en nevera.

Con la ayuda de un troquel de 9 cm de diámetro, recortamos las hojas de capuchina. A continuación, con el cilindro de 1,5 cm de diámetro sacamos dos rodajas de cada hoja de ostra. Reservamos entre papel húmedo en un recipiente hermético en la nevera.

Para servir, ponemos a marcar 4 lingotes de cerdo por la parte de la piel en una sartén a fuego medio, hasta que la piel esté crujiente.

Una vez está crujiente, disponemos en la plancha en un violín junto con la salsa del cochinillo, para mantenerlo caliente y que la carne se impregne de la salsa y no nos quede seco.

En un plato de tacos, disponemos 4 hojas de capuchina. Disponemos en el centro de la hoja, siguiendo la raíz del tallo, una línea de salsa Hoisin, colocamos justo encima 3 rodajas de minipepino encurtido, ponemos 3 puntos pequeños de salsa XO, un trozo triangular de hoja de albahaca y colocamos el cochinillo justo encima.

Finalmente, disponemos en cada esquina del lingote una bola de pepino encurtido, un punto de mayonesa de Hoisin y una rodaja de hoja de ostra, decoramos con un germinado de cilantro, una hoja de menta y un brote de albahaca.

Servimos muy rápido.

JIM-LET FOX-TROT

Cítrico, extremadamente fresco, elegante y con amargo final. Nuestra evolución del Gin&Tonic.

INGREDIENTES

3 cl cordial de lima Rose's
6 cl ginebra Bombay Sapphire
1 botellín de tónica Schweppes

ELABORACIÓN

Directo en vaso

DECORACIÓN

Piel de lima rayada

TIPO DE COPA

Vaso alto y ancho

PREPARACIÓN

Preparamos en vaso mezclador un Gimlet con la lima y la ginebra.

Lo situamos en un recipiente hermético y lo granizamos en el congelador.

Completamos un vaso alto y ancho con hielo cristalino y servimos la tónica Schweppes.

Servimos sobre la tónica helada 12 cl del granizado que hemos preparado anteriormente.

Finalizamos con la decoración.

FERRAN ADRIÀ
elBullifoundation

HOJA DE OSTRA
CON ROCÍO DE VINAGRE

INGREDIENTES

50 g de vinagre de vino tinto

30 g de chalota

10 hojas de ostra frescas
de 4 cm de longitud

ELABORACIÓN

Pelamos y cortamos la chalota en cuadrados de 0,1 cm de lado. Debemos conseguir 50 dados. Añadimos los dados de chalota al vinagre de vino tinto. Guardamos en la nevera durante 4 horas.

Disponemos 5 dados de chalota en vinagre en la parte final de la hoja, donde comienza el tallo. Colocamos la hoja en una bandeja apropiada y terminamos aplicando, con la ayuda de una pipeta, 8 gotas de vinagre dispersas por la hoja, simulando el rocío.

Para degustarla, cogemos la hoja de ostra con delicadeza y la comemos en dos bocados.

BIJOU

Aperitivo con bastante fortaleza y pronunciadas notas herbales. Un clásico imprescindible.

INGREDIENTES

1 golpe de angostura
3 cl de vermut Martini Rosso
3 cl de licor Chartreuse verde
3 cl de ginebra Bombay Sapphire

ELABORACIÓN

Vaso mezclador

DECORACIÓN

Piel de cítrico o cereza al marraschino (opcional)

TIPO DE COPA

Copa Martini

PREPARACIÓN

Removemos los ingredientes en un vaso mezclador con abundante hielo.

Servimos el cocktail en una copa helada.

Finalizamos con la decoración.

SERGI AROLA
Restaurante Arola
1 Estrella Michelin

FARDOS
DE LANGOSTINO, CAVIAR DE KALIX Y SOPA DE JUDÍA PERONA

INGREDIENTES

PARA EL TARTAR DE LANGOSTINO

12 langostinos
sal
pimienta
aceite de jengibre
aceite de langostino
cebollino

PARA LOS VELOS DE JUDÍA

1,5 kg de judía perona
agar agar
gelatina vegetal
sal

PARA LAS ESFERAS DE PATATA

250 g de patata monalisa
20 g de aceite de trufa
sal
pimienta
27 g por litro de gluconolactato

PARA LA SOPA DE JUDÍA

1 kg de judía perona
sal
2 g de colorante verde
3 g de gelespesa

OTROS

caviar de Kalix
brotes de shiso morado

ELABORACIÓN

Para el tartar, picamos los langostinos y los aliñamos con el resto de los ingredientes. Reservamos.

Para los velos, escaldamos las judías y las licuamos. Ponemos a punto de sal y añadimos 3 g de agar agar y 50 g de gelatina vegetal por litro de licuado. Calentamos la mezcla a 100 °C de temperatura y, a continuación, la estiramos con la ayuda de un rodillo entre dos papeles de horno hasta obtener una lámina fina. Dejamos enfriar.

Para las esferas, cocemos las patatas, las trituramos hasta obtener una crema muy fina. Añadimos el gluconolactato y formamos esferas.

Para la sopa de judías. Escaldamos y licuamos las judías. Las ponemos a punto de sal y ajustamos el color y el espesor con el colorantes y el espesante. Reservamos en frío.

Cortamos la lámina de judías en cuadrados, ponemos un poco de tartar en el centro de cada uno de ellos y los cerramos como si fueran un paquete. En un plato, ponemos un poco de sopa en el fondo y sobre ella colocamos tres fardos y tres esferas de patata. Sobre cada uno de los fardos añadimos una cucharadita de caviar de Kalix y un brote de shiso morado.

NEST TIME

Cremoso, floral y especiado. Ideal para despertar nuestros sentidos en la puesta de sol.

INGREDIENTES

4 gotas Droplets Indian Spices
1 cl de lima
2 cl de licor St Germain
2 cl de puré de maracuyá
6 cl de puré de mango
4 cl de vodka Grey Goose

ELABORACIÓN

Coctelera

DECORACIÓN

Especias, hierbas aromáticas y virutas de madera en forma de nido

TIPO DE COPA

Porcelana con forma de huevo o vaso bajo y ancho

PREPARACIÓN

Batimos los ingredientes en una coctelera con abundante hielo.

Servimos el cocktail en un vaso con cubitos enteros y cristalinos.

Finalizamos con la decoración.

ANDONI LUIS ADURIZ

Restaurante Mugaritz
2 Estrellas Michelin

SONAJERO DE SIETE ESPECIAS

INGREDIENTES

6 gambas
8 charlotas
Pimentón dulce en polvo

PARA EL MERENGUE
200 g de agua
2 g de iota (hidratar 15 min)
10 g de azúcar
20 g de leche en polvo
4 g de tabasco

PARA EL RELLENO
7,6 g de chalota crujiente
1,2 g de gamba
0,24 g de Togarashi
sal

ELABORACIÓN

Empezamos por los merengues. Precalentamos el horno a 68 ºC sin tapar el ventilador, que debe estar en el modo de menos intensidad. Mezclamos el agua, la iota, el azúcar y la leche en polvo en un cazo con una barilla, colamos y dejamos reposar 10 minutos.

Llevamos la mezcla hasta 70 ºC, removiendo para evitar la formación de grumos. Batimos durante 45 minutos con unas varillas eléctricas o hasta que se obtenga un merengue muy duro. En los últimos momentos, subimos la velocidad progresivamente durante 15 minutos. Agregamos las gotas de tabasco y seguimos batiendo unos minutos más para integrarlo completamente.

ELABORACIÓN

Servimos el merengue en una manga y escudillamos sobre una superficie de silicona antiadherente o papel de horno. Cubrimos con una bandeja perforada para proteger de la ventilación directa. Guardamos el exceso de merengue en un contenedor en la nevera para tapar los sonajeros después de rellenarlos.

Horneamos durante 5 horas a 68 °C. Obtenemos unos merengues huecos. Delicadamente, usando las pinzas o puntilla, abrimos un hueco en la base del merengue suficientemente grande para rellenarlo. Reservamos protegidos de la humedad.

Disponemos las gambas sobre papel sulfurizado y las deshidratamos a 68 °C durante 12 horas o hasta que estén secas. Trituramos y colamos por un chino hasta obtener un polvo de gamba. Reservamos.

Pelamos y cortamos las chalotas en juliana de unos 3 mm de grosor. Hidratamos en agua durante 12 horas. Pasado ese tiempo, colamos, secamos con papel absorbente y confitamos en aceite de girasol hasta que queden doradas y crujientes, pero sin amargor. Colamos del aceite, desgrasamos y las rompemos formando un crumble de chalota.

Mezclamos las chalotas crujientes, el polvo de gamba y el togarashi, ponemos al punto de sal y reservamos.

Montamos en la batidora el merengue sobrante reservado en refrigeración hasta que se endurezca. Rellenamos el merengue seco por la abertura con 2,2 g de relleno.

Con la ayuda de una espátula, tapamos la abertura con merengue hasta conseguir sellar con una base plana.

Deshidratamos con la base hacia arriba en un deshidratador a 68 °C durante 1 hora.

Espolvoreamos ligeramente los sonajeros con un poco de pimentón y servimos sobre un plato llano.

VESPER MARTINI

Muy seco y original.
El Martini preferido de James Bond.

INGREDIENTES

1 cl de Lillet Blanc

2 cl de vodka Grey Goose

4 cl de ginebra Bombay Sapphire

ELABORACIÓN

Vaso mezclador

DECORACIÓN

Piel de limón

TIPO DE COPA

Copa Martini

PREPARACIÓN

Removemos los ingredientes en un vaso mezclador con abundante hielo.

Servimos el cocktail en una copa helada.

Finalizamos con la decoración.

AITOR ARREGI
Restaurante Elkano
1 Estrella Michelin

BONITO
EN CRUDO

INGREDIENTES

1 kg de lomo de bonito
40 g de piperras encurtidas
2 cebolletas frescas
4 tomates
20 g de jengibre fresco
2 limones verdes
100 g de aceite de oliva
100 g de «agua de Lourdes»
30 g de vinagre de manzana
sal en escamas

ELABORACIÓN

Elegiremos un bonito muy fresco y de la máxima calidad. Mejor de pesca local, que haya sido capturado con anzuelo y que no haya soportado el peso de otros ejemplares ni haya tocado hielo.

Con el bonito a temperatura ambiente, lo cortamos en tacos de 2 x 2 centímetros. Picamos las piperras, la cebolleta y el tomate sin piel ni pepitas. Lo mezclamos todo en un bol con una pizca de jengibre rallado, zumo y ralladura de limón verde, aceite, vinagre de manzana y «agua de Lourdes».

Presentamos en un plato las porciones de bonito, levemente cubiertas de vinagreta y una pizca de sal en escamas.

WARSAW FIZZ

Realmente diferente. Sabor fresco, ligeramente ahumado y herbal.

INGREDIENTES

4 semillas de cardamomo
0,5 cl de whisky Lagavulin 16
1 cl de sirope de manzana verde
3 cl de zumo de manzana
1,5 cl de bourbon Maker´s Mark
3 cl de vodka Żubrówka
10 cl de cava Freixenet Cordón Negro

ELABORACIÓN

Coctelera

DECORACIÓN

Láminas de manzana, semillas de cardamomo y romero

TIPO DE COPA

Petaca y vaso de Julep o vaso bajo y ancho

PREPARACIÓN

Aplastamos con suavidad en una coctelera las semillas de cardamomo.

Añadimos el resto de ingredientes menos el cava y batimos con abundante hielo.

Servimos una parte de cocktail en un vaso de Julep con hielo pilé y completamos con el cava.

JUAN MARI Y ELENA ARZAK
Restaurante Arzak
3 Estrellas Michelin

ÁMBAR DE ANCHOAS

INGREDIENTES

12 anchoas

PARA EL ROJO DE LA ANCHOA

1 lata de pimientos del piquillo
sal
azúcar

PARA LA SALSA DE NARANJA

25 g de aceite de oliva
25 g de cáscara de naranja sin su parte blanca bien picada
2 g de ajo muy picado frito
5 g de pepinillos en vinagre picados
3 g de vinagre de arroz
sal
azúcar
jengibre en polvo

PARA LA CELULOSA DE ESPECIAS

1 vaina de vainilla
2 g de semillas de anís
hojas de hinojo
5 g de almidón de patata o maíz
400 g de agua

PARA EL MOJO GRASO

100 g de tocino cocido
3 gotas de vinagre de Módena
perejil picado
sal

ELABORACIÓN

Empezamos con el rojo de la anchoa. Trituramos los pimientos a conciencia y los sazonamos con sal y azúcar. Extendemos la mezcla finamente entre dos papeles de horno hasta formar una lámina y dejamos secar dentro del horno a 60 °C. Una vez seco, cortamos las láminas del tamaño de los filetes de anchoa.

Limpiamos las anchoas y las separamos en dos lomos. Las cubrimos de sal durante 30 minutos y, a continuación, retiramos la sal y las introducimos en aceite de oliva.

Mezclamos bien todos los ingredientes de la salsa de naranja. Sazonamos y reservamos.

Pasamos a la celulosa de especies. Abrimos la vaina de vainilla por la mitad y la cocemos en el agua con las semillas de anís durante 5 minutos. Ligamos con el almidón y añadimos las hojas de hinojo. Dejamos cocer un minuto. Retiramos la vaina de vainilla y extendemos la mezcla finamente entre dos papeles de horno. Dejamos secar en el horno a 60 °C y reservamos.

Acabamos con el mojo graso. Salteamos el tocino y lo dejamos enfriar. Lo picamos con el cuchillo hasta formar una pasta. Incorporamos el perejil picado y el vinagre. Sazonamos.

Colocamos las anchoas sobre un plato con la piel hacia arriba y las cubrimos con el pimiento seco para que se adhiera.

Ponemos cuatro cucharaditas de café de mojo graso en el fondo de un plato llano y, sobre él, tres anchoas rojas y una más envuelta sobre sí misma en forma de cilindro. Colocamos sobre esta última la celulosa de especias y salseamos el plato con la salsa de naranja.

SANGRÍA
DE VINO TINTO

Delicioso sabor a vino tinto con notas cítricas y afrutadas.

INGREDIENTES

0,5 cl de zumo de limón
1 cl de azúcar líquido
5 cl de limonada Schweppes
2 cl de licor Grand Marnier amarillo
2 cl de vermut Martini Rosso
2 cl de brandy
7 cl de vino tinto

ELABORACIÓN

Directo en copa

DECORACIÓN

Cítricos y frutas

TIPO DE COPA

Copa de vino

PREPARACIÓN

Servimos los ingredientes en la copa, salvo la limonada y el vino, junto con abundante hielo y removemos unos 10 segundos.

Añadimos el vino y la limonada bien fríos y removemos con suavidad.

Finalizamos con la decoración.

JOAN BAYÉN (JUANITU) Y ALBERT ASÍN
Pinotxo Bar

RABO DE TORO

INGREDIENTES

1 rabo de toro
2 l de vino tinto
1 puerro
1 zanahoria
sal
pimienta
harina de maíz
pimentón dulce de la Vera

ELABORACIÓN

Troceamos, salpimentamos y enharinamos el rabo de toro y lo freímos por ambas caras en abundante aceite caliente. Reservamos y dejamos reposar 24 horas.

Doramos en una cazuela con aceite la zanahoria y el puerro troceados. A continuación, los retiramos, los trituramos y los devolvemos a la misma cazuela, añadimos el rabo de toro, cubrimos con el vino, tapamos y dejamos cocer a fuego lento durante 90 minutos con cuidado de que no se pegue.

Cuando la carne esté tierna, añadimos el pimentón y dejamos reposar apartado del fuego.

Si se desea, se puede servir acompañado de un poco de puré de patata.

SPRITZ

Refrescante aperitivo de marcado estilo italiano. Muy equilibrado y ligeramente amargo.

INGREDIENTES

6 cl de Martini Bitter

9 cl de cava Freixenet Cordón Negro

ELABORACIÓN

Directo en vaso

DECORACIÓN

Rodaja de pomelo y aceituna gordal

TIPO DE COPA

Copa de vino

PREPARACIÓN

Enfriamos bien la copa con abundante hielo.

Servimos en ella el Martini Bitter y a continuación el cava.

Removemos con suavidad.

Finalizamos con la decoración.

JOSEP M. BOIX
Restaurante Torre del Remei

PURÉ DE PATATA
BUFFET Y HONGOS

INGREDIENTES

1 kg de patatas buffet
100 g de mantequilla del Cadí
4 hongos
sal
pimienta
aceite

ELABORACIÓN

Pelamos las patatas y las hervimos en aproximadamente 2 litros de agua durante 30 minutos.

Disponemos las patatas hervidas con la poca agua que les quede junto con la mantequilla y las pasamos por la Thermomix o el pasapurés. Reservamos.

Limpiamos los hongos, los cortarmos en láminas, los salpimentamos y los doramos en una sartén.

Servimos el puré en plato individual y lo adornamos con las láminas de hongos.

BROKEBACK MOUNTAIN

Este *after dinner* tiene un intenso sabor a café, es de gran fortaleza y ligeramente amargo.

INGREDIENTES (para 2 cocktails)

3 gotas de Droplets Green Cardamom
1 cl de sirope de vainilla
3 cl de café expreso
2 cl de licor Kahlúa
3 cl de licor de cacao
4 cl de bourbon Maker's Mark
Una jarrita con nata líquida (opcional)

ELABORACIÓN

Coctelera

DECORACIÓN

Café en grano

TIPO DE COPA

Servicio de café o dos copas cocktail

PREPARACIÓN

Batimos los ingredientes en una coctelera con abundante hielo.

Servimos el cocktail en una cafetera con abundante hielo.

Finalizamos con la decoración.

Acompañamos de una jarrita con nata líquida (opcional).

ORIOL BALAGUER

Boutique Oriol Balaguer

CACAO DE CHOCOLATE

INGREDIENTES

PARA LA MOUSSE DE CHOCOLATE

175 g de crema inglesa de base
175 g de chocolate negro 64%
250 g de nata espumosa
habas de cacao

PARA EL CREMOSO DE CHOCOLATE

250 g de leche
250 g de nata líquida
90 g de azúcar
100 g de yemas de huevo
250 g de chocolate negro 64%

PARA EL CREMOSO DE NUECES DE PECÁN

188 g nata líquida 35% m.g.
2,5 g hojas de gelatina
275 g praliné de nuez de pecán

PARA EL STREUZEL DE CACAO

100 g de azúcar moreno
100 g de mantequilla
80 g de harina floja
20 g de cacao en polvo
100 g de almendra en polvo

PARA EL BIZCOCHO DE CACAO

300 g de huevo
200 g de azúcar
160 g de harina
40 g de cacao en polvo

PARA EL HELADO DE VAINILLA

815 g de leche
300 g de nata
46 g de yemas de huevo
58 g de leche en polvo
45 g de glucosa atomizada
170 g de azúcar
20 g de azúcar invertido
6 g de estabilizante
2 vainas de vainilla de Tahití

ELABORACIÓN

Para la mousse de chocolate, vertemos la crema inglesa caliente encima del chocolate troceado y emulsionamos. Cuando la mezcla esté a 40 °C añadimos la nata espumosa con delicadeza. Vertemos la mousse en una manga pastelera y reservamos. Rellenar las habas de cacao y cerrarlas.

Para el cremoso de chocolate, hervimos la nata, la leche y el azúcar y lo vertemos encima de las yemas. Cocemos la mezcla a 84 °C, la colamos encima del chocolate y emulsionamos. Reservamos a 4 °C.

Para el cremoso de nueces, calentamos la nata a 50 °C. Agregamos las hojas de gelatina remojadas y escurridas y vertemos progresivamente la mezcla encima del praliné. Emulsionamos hasta obtener una textura lisa y homogénea. Reservamos a 4 °C.

Para el streuzel de cacao, mezclamos todo con delicadeza hasta obtener una masa homogénea y reservamos 2 horas a 4 °C. Extendemos sobre una bandeja y cocemos a 160 °C durante unos 18 minutos. Reservamos.

Para el bizcocho, batimos los huevos y el azúcar hasta obtener una textura de lazo. A continuación, añadimos los sólidos con delicadeza. Vertemos en vasos de Porex hasta la mitad y los cocemos unos 40 segundos en el microondas. Reservamos a 4 °C.

Para el helado de vainilla, mezclamos el estabilizante con 10 veces el peso en azúcar. Empezamos a 4 °C con la leche en polvo. A 25 °C incorporamos los azúcares. A 35 °C incorporamos la nata y las vainas de vainilla. A 40 °C incorporamos las yemas de huevo. A 45 °C incorporamos el estabilizante. Pasteurizamos hasta 85 °C durante 2 minutos. Mixamos para homogeneizar la mezcla y la enfriamos a 4 °C. Maduramos un mínimo de 4 horas y un máximo de 12. Remixamos y pasamos por el chino. Mantecamos y extraemos a -8 °C. Conservamos a -25 °C.

Para emplatar, hacemos media curva de cremoso de pecán con la ayuda de una manga pastelera con boquilla lisa. Distribuimos las habas de cacao rellenas y colocamos entre ellas un trozo de streuzel y otro de bizcocho de cacao. Acabamos con un toque de cristales de sal y el helado de vainilla.

GREEN SYMPHONY

Sinfonía herbal, afrutada
y ligeramente ácida.
Un placer muy saludable.

INGREDIENTES

2 hojas de berza
2 hojas de espinacas
1 pera conferencia
3 rodajas de pepino
1 rodaja de piña
zumo de una lima
2 cl de sirope de saúco
10 cl de aloe vera con granada

ELABORACIÓN

Batidora eléctrica

DECORACIÓN

Lima deshidratada, ramita de apio y semillas de cardamomo.

TIPO DE COPA

Vaso de *smoothie*

PREPARACIÓN

Servimos todos los ingredientes en una batidora eléctrica junto con 100 g de hielo pilé.

Batimos a velocidad media durante 1 minuto.

Servimos el cocktail en el vaso.

Finalizamos con la decoración.

RICARD BORRÀS

Restaurante Das 1219

ALCACHOFA RELLENA

CON BUTIFARRA Y HONGOS CON CREMOSO DE NABOS DE LA CERDANYA

INGREDIENTES

4 alcachofas
60 g de butifarra cruda
1 hongo
2 nabos de la Cerdanya
2 cebollas
1 puerro
medio vaso de vino blanco
nata líquida
un vaso de vino blanco
panko
sal
pimienta
azúcar
aceite
cebollino

ELABORACIÓN

Cocemos las alcachofas enteras durante 40 minutos a partir de que empiece a hervir el agua. Pasado este tiempo, las escurrimos y las introducimos en agua fría con hielo para cortar la cocción.

Retiramos las hojas exteriores, cortamos con un cuchillo de sierra el pico de la alcachofa, pulimos el pie y reservamos.

Para el relleno, cortamos la cebolla en brunoise y la confitamos en una sartén con un poco de sal y aceite, limpiamos los hongos con papel de cocina húmedo, los cortamos y los salteamos para que cojan un poco de color. Reservamos. Desgranamos la butifarra y acabamos de hacer el relleno.

Para el cremoso de nabos, pelamos los nabos y los ponemos a cocer en agua fría con sal y azúcar hasta que estén *al dente*.

Ahogamos una cebolla y medio puerro en una olla con mantequilla y un punto de sal. Cuando esté hecho y antes de que coja color, añadimos un chorrito de nata y dejamos que reduzca. A continuación, añadimos un poco de vino blanco y, cuando se evapore, añadimos los nabos y un poco del agua de su cocción. Lo trituramos y lo pasamos por el colador.

Vaciamos las alcachofas y las rellenamos con la butifarra y los hongos. Las cubrimos con un poco y las asamos en el horno a 200 °C durante 10 minutos. Cuando estén listas, ponemos un poco de cremoso de nabos en el fondo de un plato y ponemos encima la alcachofa rellena. Decoramos con cebollino picado.

MO' BETTER BLUES

Muy intenso, especiado y herbal.

INGREDIENTES

3 ramitas de menta
3 gotas de Droplets Green Cardamom
1 cl de licor Falernum
1 cl de licor Chartreuse verde
1,5 cl de Cynar
1 cl de zumo de pomelo
6 cl de bourbon Maker's Mark
10 cl de zumo de tamarindo

ELABORACIÓN

Coctelera

DECORACIÓN

Especias variadas

TIPO DE COPA

Mate o vaso bajo y ancho

PREPARACIÓN

Aplastamos ligeramente con una maza las semillas de cardamomo en la coctelera.

Servimos el resto de ingredientes y batimos enérgicamente con abundante hielo.

Servimos el cocktail en el vaso lleno de hielo pilé.

Finalizamos con la decoración.

MARTÍN BERASATEGUI

Resaturante Martín Berasategui
3 Estrellas Michelin

SOPA DE CASTAÑAS
AL CARDAMOMO CON MOUSSE DE PALOMA Y GERMINADO DE APIO

INGREDIENTES

SOPA DE CASTAÑAS

500 g de caldo

400 g de puré de castañas

1 cucharada de Chartreuse verde

2 vueltas de cardamomo

50 g de nata

100 g de mantequilla

30 g de jugo de trufa

***ROSSINYOLS* SALTEADOS**

300 g de *rossinyols* (rebozuelos)

8 dientes de ajo pelados y cortados en cuartos

50 g de aceite de oliva virgen

perejil picado

sal

MOUSSE DE PALOMA

350 g de carne de patas de paloma

100 g de foie-gras crudo

100 g de hígados de pollo

100 g de hígados de paloma

sal

pimienta

5 g de azúcar

50 g de armañac

2 cucharadas de aceite de oliva

150 g de nata montada

PARA DECORAR

corazones de pato limpios de grasa, salteados y fileteados

láminas de hongo

láminas de castaña

costrones de pan (láminas de pan horneado de tamaño de 3 x 2cm)

brotes de apio

ELABORACIÓN

Empezamos por la mousse de paloma. Ponemos en un bol la carne de patas de paloma, el foie-gras crudo, los hígados de pollo y paloma, la sal, la pimienta, el azúcar y el armañac, y dejamos macerar por espacio de 12 horas.

Pasado este tiempo, salteamos los ingredientes marinados en una sartén antiadherente a fuego vivo durante 3 minutos con las 2 cucharadas de aceite de oliva. Sacamos a una bandeja y dejamos enfriar. A continuación, lo trituramos todo hasta obtener una masa fina y homogénea. Colamos bien con un colador fino e incorporamos la nata montada en dos o tres veces removiendo con sumo cuidado. Rectificamos de sal y dejamos enfriar al menos durante 2 horas.

Seguimos con la sopa. Hervimos en una cacerola el caldo con el puré de castañas. Una vez hervido, añadimos la nata y la mantequilla mientras trituramos con la batidora eléctrica. Por último, añadimos el Chartreuse verde y el cardomomo y reservamos.

Acabamos con los *rossinyols*, que limpiamos con mucha delicadeza con la ayuda de un pincel y un trapo húmedo. A continuación, cortamos los más grandes en 2 o 3 trozos.

En una sartén, ponemos el aceite junto con los ajos y dejamos que coja calor lentamente hasta que los ajos queden confitados. Añadimos las setas limpias, sazonamos ligeramente y cubrimos la sartén con una tapa. Dejamos 5 minutos. Una vez las setas hayan soltado el agua, destapamos y dejamos cocer lentamente para que se reduzca el líquido y el ajo se deshaga. Cocemos hasta que no quede líquido y reaparezca el aceite del principio; entonces, salteamos las setas durante 2 minutos. Probamos de sal y añadimos un poco de perejil picado en el último momento.

En un plato hondo colocamos 1 quenelle o bola de crema de paloma, 2 setas salteadas, una a cada lado, y una lámina de corazón de pato salteado. Apoyados en la mousse, un costrón de pan, unas láminas de castaña y una lámina de *rossinyol*. Acabamos con unos brotes de apio y salseando con la sopa de castaña.

DRIVE ME CRAZY

Muy fresco, afrutado, con sabores exóticos muy bien integrados.

INGREDIENTES

3 cucharaditas de semillas de maracuyá

2 cl de sirope de vainilla

1 cl de zumo de lima

3 cl de ron Bacardí 8 años

6 cl de cava Freixenet Cordón Negro

ELABORACIÓN

Coctelera

DECORACIÓN

Flores comestibles y especias

TIPO DE COPA

Copa Martini

PREPARACIÓN

Batimos los ingredientes excepto el cava en una coctelera con abundante hielo.

Servimos el cocktail en la copa.

Añadimos el cava y removemos con delicadeza.

Finalizamos con la decoración.

JORDI BUTRÓN

Restaurante Espai Sucre

CREMA DE VAINILLA
CON PLÁTANO Y CAFÉ

INGREDIENTES

PARA LA CREMA DE VAINILLA

500 g de nata
150 g de yemas
95 g de azúcar
4,5 g de hojas de gelatina
1,5 vainas de vainilla bourbon

PARA EL PLÁTANO CARAMELIZADO

200 g de plátano
185 g de azúcar
1 cucharadita de zumo de limón
500 mg de agua

PARA LOS TRIÁNGULOS DE FILO Y CAFÉ

1 lámina de pasta filo
1 cucharada sopera de Nescafé
1 cucharada sopera de azúcar
1 cucharada sopera de mantequilla líquida

GRANIZADO DE CAFÉ

250 g de café expreso
50 g de azúcar
1,5 hojas de gelatina

PARA DECORAR

Nescafé

ELABORACIÓN

Para la crema de vainilla, ponemos la nata y las vainas de vainilla al fuego hasta que levante el hervor. Con esta infusión, hacemos una crema inglesa con las yemas y el azúcar, y añadimos las hojas de gelatina. Dejamos que se enfríe y que cuaje.

Para el plátano caramelizado, ponemos al fuego el azúcar con el agua y el zumo de limón para que no se empanice. Cuando la mezcla coja color, añadimos los plátanos troceados y los cocemos hasta su punto. Una vez cocidos, paramos la cocción con agua, los retiramos del fuego y los dejamos enfriar.

Para los triánglos, untamos una lámina de pasta filo con mantequilla fundida, la cortamos en triángulos y los colocamos sobre una lámina de Silpat o papel de horno. Espolvoreamos la pasta con azúcar y Nescafé, la cubrimos con otro Silpat o papel de horno y la cocemos en el horno a 200 °C durante 3 minutos, justo para que caramelice el azúcar y nos coloree la filo.

Para el granizado, añadimos el azúcar y las hojas de gelatina, previamente remojadas, al café expreso. Congelamos. Una vez congelado, lo rallamos con la ayuda de una rasqueta.

Para servir, disponemos una quenelle de crema de vainilla en el centro del plato y clavamos en ella tres triángulos de pasta filo. Disponemos unos trocitos de plátano caramelizado entre los triángulos y decoramos el plato alrededor de la quenelle con un poco de almíbar de los plátanos y un poquito de Nescafé. Terminamos con un poco de granizado de café entre los triángulos y servimos.

TORINO SHANGHAI

Aperitivo con notas especiadas y ligeramente amargas.

INGREDIENTES

1 gota de Droplets Hot Chilli Pepper
2 gotas de Droplets Indian Spices
2 cl de vermut Martini Riserva Speciale Ambrato
1 cl de Martini Bitter
4 cl de plum wine (vino de ciruelas chino)
4 cl de sake japonés

ELABORACIÓN

Vaso mezclador

DECORACIÓN

Cítricos deshidratados

TIPO DE COPA

Botellita de cristal y vaso bajo y ancho

PREPARACIÓN

Removemos los ingredientes en un vaso mezclador con abundante hielo.

Servimos el cocktail en una botellita de cristal y la reservamos en frío.

Serviremos la botellita junto a un vaso bajo con hielo y cítricos deshidratados.

ORIOL CASTRO

Restaurante Disfrutar
1 Estrella Michelin

NUESTROS MACARRONES A LA CARBONARA

INGREDIENTES

PARA EL CALDO DE JAMÓN IBÉRICO

1 kg de huesos de jamón ibérico

3 l de agua

PARA LOS MACARRONES DE GELATINA

1 l de caldo de jamón ibérico (elaboración anterior)

25 g de kappa

3 hojas de gelatina de 2 g (previamente rehidratadas en agua fría)

sal

PARA LA ESPUMA CALIENTE DE CARBONARA

75 g de beicon ahumado

25 g de mantequilla

200 g de nata

0,8 g de goma xantana

20 g de yema de huevo

2 cargas de N20

sal

pimienta

PARA LA MANTEQUILLA DE BEICON

50 g de beicon ahumado

50 g de mantequilla

PARA EL ACABADO

1 trozo de 100 g de parmesano reggiano

40 daditos de parmesano reggiano de 0,5 cm

80 daditos de beicon ahumado de 0,3 cm

yema de huevo

sal

pimienta

LE CREUSET

ELABORACIÓN

Para el caldo, limpiamos los huesos de posibles partes rancias, los cubrimos con agua y los blanqueamos. Escurrimos y disponemos los huesos blanqueados con el agua indicada en una olla y los cocemos a fuego lento durante 5 horas, desespumando y desgrasando continuamente. Colamos por la estameña, volvemos a desgrasar y reservamos en la nevera.

Para los macarrones, entibiamos el caldo de jamón y lo ponemos a punto de sal si fuera necesario. Añadimos la kappa y llevamos a ebullición sin dejar de remover con la ayuda de un batidor de mano. Una vez ha arrancado el hervor, espumamos, retiramos del fuego y añadimos las hojas de gelatina. Disolvemos y dejamos entibiar el líquido. A continuación, sumergimos el hierro para macarrones en abundante agua con hielo, lo escurrimos y sumergimos en la mezcla de gelatina líquida durante 7 segundos. Sacamos el hierro del baño, dejamos reposar 1 minuto y extraemos los tubos de gelatina que se habrán formado con cuidado de no romperlos. Cortamos los tubos en forma de macarrón de 4 cm de longitud. Necesitamos 20 macarrones por persona. Reservamos en la nevera.

Para la espuma caliente de carbonara, picamos el beicon y lo fondeamos con la mantequilla. Cuando el beicon esté dorado, retiramos del fuego y añadimos la nata. Levantamos el hervor al conjunto, retiramos del fuego e infusionamos durante 30 minutos.

Colamos y añadimos la yema de huevo. Añadimos la goma xantana y trituramos con un batidor de mano hasta que no queden grumos y obtengamos una crema fina. Ponemos a punto de sal y pimienta, colamos e introducimos en el sifón. Cerramos y cargamos con el gas. Mantenemos la espuma al baño maría a 64 °C.

Para la mantequilla de beicon, juntamos la mantequilla con el beicon y cocemos a fuego lento durante 30 minutos con la intención de obtener una mantequilla con sabor potente a beicon. Colamos y guardamos.

A la hora de servir, juntamos los dados de beicon con la mantequilla de beicon y calentamos hasta que el beicon esté cocido. Entibiamos los macarrones de gelatina en la salamandra (o en el horno suave) y los disponemos en una sartén de presentación caliente. Aliñamos los macarrones con el beicon cocido, 2 cucharadas de mantequilla de beicon caliente, 1 cordón de yema de huevo, los dados de parmesano, sal y pimienta. Servimos la sartén con los macarrones y, por otro lado, el sifón con la espuma caliente y el trozo de parmesano con rallador. Ya en la mesa, aplicamos la espuma encima de los macarrones y mezclamos con 2 cucharas para salsear la pasta. Por último, rallamos parmesano por encima y servimos.

JEWEL OF THE SEA

Delicada armonía herbal y floral. Una creación para despertar los sentidos en un aperitivo singular.

INGREDIENTES

3 hojas de albahaca

3 ramilletes de menta fresca

5 rodajas de pepino

1,5 cl de zumo de lima

1 cl de sirope de mandarina

4 cl de sirope de azúcar de caña

5 gotas de Droplets Mediterranean Rosemary

4 cl de licor St Germain

5 cl de vodka Grey Goose

5 cl de tónica Schweppes Premium

ELABORACIÓN

Coctelera Boston

DECORACIÓN

Anís estrellado, algas marinas,
2 rodajas de carambola y grosella

TIPO DE COPA

Concha Nautilus

ELABORACIÓN

Batir todos los ingredientes en una coctelera excepto la tónica.

Colar y servir hasta arriba en la concha con cubitos de hielo previamente rotos con una maza.

Añadir la tónica.

Decorar.

IVÁN CRUZ
Restaurante Speakeasy

LOMO DE LENGUADO
SOASADO CON CAVIAR DE BELUGA Y JUGO HELADO DE POMELO ROSA

INGREDIENTES

PARA EL LENGUADO MARINADO
800 g de lomos de lenguado
500 g de sal marina
300 g de azúcar
2 cl de zumo de limón
5 hojas de cilantro
1 cucharada pequeña de ají amarillo
aceite

PARA EL CAVIAR DE VODKA
1,2 gr de agar agar
100 ml de vodka
500 ml de aceite de girasol

PARA EL AIRE DE PEPINO
1 kg de pepino
15 g de lecitina
250 ml de agua mineral

PARA LA DECORACIÓN
5 brotes de espárragos
3 g de caviar Oscietra
5 fresitas del bosque
5 hojas de menta pequeñas
5 hojas de albahaca pequeñas
3 gr de caviar de pomelo
5 berberechos
2 flores de ajete
5 claveles comestibles

ELABORACIÓN

Ponemos en una bandeja la mitad de la sal mezclada con el azúcar, disponemos encima los lomos de lenguado y los enterramos con la otra mitad de sal y azúcar. Reservamos 2 horas dentro de la nevera y, pasado ese tiempo, los lavamos con abundante agua fría y los secamos con papel absorbente. Cortamos el pescado en tiras finas y lo disponemos sobre un recipiente plano. Mezclamos el zumo de limón, el cilantro, el ají y un chorro de aceite. Cinco minutos antes de emplatar, añadimos la mezcla al pescado y dejamos reposar 5 minutos.

Para el caviar de vodka, ponemos el aceite de girasol en un bol y lo introducimos en el congelador hasta que esté bien frío. Calentamos una parte del vodka con el agar agar hasta que alcance los 72 °C. A continuación, lo retiramos del fuego e incorporamos el resto del vodka. Con la ayuda de una pipeta, añadimos gotas de la mezcla de vodka dentro del bol de aceite frío dándole vueltas al recipiente para que no se peguen las bolitas de caviar. Esperamos un minuto, retiramos las bolitas del aceite y las reservamos en frío.

Para el aire de pepino, pelamos los pepinos, los cortamos en rodajas anchas, los mezclamos con el agua y los trituramos hasta obtener una crema fina. Pasamos esta crema por un colador fino y, a continuación, le añadimos la lecitina. Trituramos nuevamente y dejamos reposar durante 1 hora. Pasado este tiempo, introducimos el líquido en un recipiente ancho y alargado y lo cubrimos con film transparente de cocina. A continuación, levantamos una esquina, introducimos el brazo de la batidora y, con mucho cuidado, batimos únicamente la superficie hasta que se forme el aire.

Disponemos en espiral el lenguado previamente escurrido y colocamos encima 3 gramos de caviar Oscietra, 3 gramos de caviar de vodka y 3 gr de caviar de pomelo distribuidos cada uno en 5 montoncitos; 5 brotes de espárragos, 5 fresitas, 5 hojas de menta y 5 de albahaca, 5 berberechos. Terminamos con las flores y un chorrito de aceite de oliva virgen.

PASSION & GINGER CAIPIRINHA

Muy fresco, cítrico, afrutado y ligeramente picante.

INGREDIENTES

7 gotas de Droplets Fresh Ginger
1 lima
3 cucharaditas de azúcar
4 cucharaditas de semillas de maracuyá
2 cl de zumo de maracuyá
6 cl de cachaça Leblon

ELABORACIÓN

Directo en vaso

DECORACIÓN

Stick de azúcar cristalizado

TIPO DE COPA

Vaso bajo y ancho

PREPARACIÓN

En un vaso bajo y ancho, aplastamos una lima troceada junto con el azúcar.

Servimos el resto de ingredientes y removemos hasta que esté perfectamente mezclado.

Añadimos hielo pilé hasta completar el vaso.

Removemos para enfriar el cocktail.

ALBERTO CHICOTE

Restaurante Yakitoro

NUGGETS DE BONITO
ESCABECHADO CON MAYONESA DE PIPARRAS

INGREDIENTES

PARA EL ESCABECHE

espinas de bonito
3 dientes de ajo con piel
½ cebolla
2 hojas de laurel
granos de pimienta
1 rama de tomillo
1 rama de romero
la piel de 1 limón
50 g de vinagre de jerez
100 g de vino blanco seco o manzanilla
1 l de caldo de pollo o agua
½ cucharada de pimentón dulce
100 g de aceite de oliva virgen extra

PARA EL BONITO ESCABECHADO

300 g de lomo de bonito fresco sin piel ni espinas
300 g de escabeche

PARA EL REBOZADO

400 g de harina especial frituras
la ralladura de ½ limón
1 cucharada de perejil picado
½ cucharada de sal

PARA LA MAYONESA DE PIPARRAS

200 g de mayonesa comercial (o, mejor aún, casera)
100 g de piparras encurtidas escurridas
50 g de aceite de oliva virgen extra

PARA EL ACABADO

perejil
piparras (podemos sustituirlas por pimientos del Padrón)
ralladura de limón

ELABORACIÓN

Para el escabeche, colocamos las espinas en una bandeja y las horneamos a 180 °C. Cuando estén doradas, las tostamos por el otro lado. A continuación, las introducimos en una cazuela y añadimos caldo de pollo hasta cubrirlas. Cocemos 20 minutos a fuego medio, desespumando a menudo. Colamos y reservamos. Majamos los ajos con la piel y los doramos en aceite a fuego medio. Incorporamos la cebolla cortada en juliana y dejamos sofreír. Cuando tenga esté dorado, añadimos las hierbas, la pimienta y el pimentón. Damos unas vueltas y agregamos el vinagre, el vino y la piel del limón. Cocinamos unos minutos y mojamos con el caldo. Seguimos a fuego medio durante unos 20 minutos. Dejamos reposar este escabeche durante unas horas (mejor si es de un día para otro) en la nevera. Cortamos el lomo de bonito limpio de piel y espinas en cubos de 2 cm aproximadamente. Templamos el escabeche a unos 70 °C (lo suficiente para meter el dedo sin quemarnos) e introducimos el bonito. Mezclamos y retiramos del fuego. Dejamos reposar unas horas en la nevera para que el pescado tome todo el sabor del escabeche.

Para el rebozado, mezclamos la harina con la sal. Añadimos el limón rallado, el perejil fresco picado, mezclamos bien y reservamos.

Para la mayonesa, quitamos el tallo de las piparras y les escurrimos bien el jugo. Trituramos con la mayonesa y, en el último momento, añadimos el aceite. Reservamos.

Calentamos aceite de oliva virgen extra y freímos las piparras solo unos segundos. Sazonamos cuando aún estén calientes y escurrimos sobre papel absorbente de cocina. En ese mismo aceite freímos unas ramas de perejil.

Escurrimos muy bien el bonito del escabeche y lo pasamos por el rebozado. Freímos los trozos en abundante aceite caliente durante solo unos segundos para que no se pase. Escurrimos sobre papel absorbente de cocina y acompañamos con las piparras y el perejil frito. Salseamos con la mayonesa y unas láminas de piparra encurtida. Terminamos con ralladura de limón.

LOST IN TRANSLATION

Delicada armonía de sake, fruta y malta japonés. Sabor y espíritu oriental.

INGREDIENTES

6 gotas de Droplets Darjeeling & Chamomile
1,5 cl de sirope de mandarina
1,5 cl de zumo de lima
1 cl de licor St Germain
3 cl de sake japonés
5 cl de whisky Suntory Hibiki Japanese Harmony

ELABORACIÓN

Coctelera

DECORACIÓN

Flores comestibles, frutos rojos, hierbas aromáticas y especias

TIPO DE COPA

Tetera de cristal y taza de té

PREPARACIÓN

Batimos los ingredientes en una coctelera con abundante hielo.

Servimos el cocktail en una tetera de cristal con cubitos enteros y cristalinos.

Finalizamos con la decoración.

JORDI CRUZ

Restaurante ABaC
2 Estrellas Michelin

TACO DE MAÍZ
Y FOIE-GRAS CON CAFÉ, CHILE, VAINILLA Y CILANTRO

INGREDIENTES

PARA EL AGUA DE MIEL CARAMELIZADA

50 g de miel

150 ml de agua

PARA LA CREMA DE FOIE-GRAS

1 hígado fresco de pato o de oca (de 400 a 500 g)

100 ml de agua

50 ml de licor Pedro Ximénez

50 ml de agua de miel caramelizada

sal

pimienta

PARA LAS OBLEAS DE MAÍZ

10 láminas redondas de obulato

200 g de azúcar isomalt

100 g de maíz frito de calidad

10 g de colorante blanco en polvo (opcional)

PARA LA SAL DE VAINILLA, CAFÉ Y CHILE

100 g de escamas de sal

1 vaina de vainilla

4 g de café molido de calidad

una pizca de chile en polvo o pimienta de Espelette

OTROS

brotes de cilantro

flores blancas comestibles

mole poblano comercial de calidad, a temperatura ambiente y dentro de una manga pastelera de 3 mm

ELABORACIÓN

Para el agua de miel, colocamos la miel en un cazo a fuego moderado y dejamos que reduzca hasta que se transforme en un caramelo dorado. La miel se quema con facilidad, así que es recomendable vigilar constantemente hasta que alcance el punto de caramelización. Cuando esto suceda, añadimos el agua y dejamos cocer hasta que se integre y obtengamos un agua con color y sabor potente a miel caramelizada.

Para la crema de foie-gras, preparamos una salmuera con 30 g de sal por litro de agua e introducimos en ella el hígado durante 30 minutos. Pasado el tiempo, reservamos sobre papel absorbente de cocina para retirar el exceso de agua. Separamos los dos lóbulos del foie y cortamos los extremos del lóbulo de mayor tamaño. Congelamos el lóbulo grande en papel transparente de cocina, para que no se oxide, y reservamos las otras partes. Mezclamos el agua con el Pedro Ximénez y lo hervimos durante unos 30 segundos para evaporar el alcohol del vino. Lo añadimos al robot de cocina junto con los trozos de hígado reservados y un poco de agua de miel, sal y pimienta. Trituramos hasta obtener una textura de mantequilla pomada. Pasamos por un colador fino y reservamos. Si se corta, basa con aplicar un poco de frío o calor y montar con unas varillas como si fuera nata. Este foie fresco se esteriliza gracias a la temperatura del agua con Pedro Ximénez que le añadimos. Se puede sustituir su elaboración por un foie comercial de calidad.

Para las obleas, trituramos el maíz en un robot de cocina para romperlo un poco. En un cazo de buen tamaño, calentamos el isomalt hasta alcanzar los 200-220 °C grados. Retiramos del fuego y añadimos el maíz roto y el colorante blanco. Mezclamos con la ayuda de una espátula y, rápidamente, lo colocamos entre dos papeles de horno y aplastamos con un rodillo de cocina hasta obtener una lámina lo más fina posible. Dejamos enfriar. Cuando se enfríe por completo, lo trituramos en un robot de cocina hasta obtener un polvo fino y suelto. Sobre una plancha de teflón o silicona sobre la que habremos extendido una capa de aceite con la ayuda de un papel de cocina, colocamos los discos de obulato. Con la ayuda de un colador, espolvoreamos sobre cada uno de ellos una capa de 1 mm de polvo de maíz. Horneamos a 180 °C durante 3 minutos aproximadamente y, con la ayuda de un rodillo o similar, damos forma de taco a los círculos antes de que se enfríen de nuevo. Si no los vamos a servir inmediatamente, los reservamos en un recipiente hermético.

Para la sal, abrimos las vainas de vainilla por la mitad y retiramos las semillas con la ayuda de un cuchillo. Colocamos semillas y vainas en un tarro de cristal y añadimos la sal en escamas, el café y el chile en polvo. Cerramos el tarro y, con suavidad, le damos un par de vueltas para que la sal no se rompa.

Montamos los tacos, para hacerlo untamos con un poco de mole toda la parte interna del taco con un grosor de 1 o 2 mm. Sacamos el foie-gras congelado y lo rallamos con la ayuda de un rallador tipo Microplane para parmesano. Rellenamos el taco con virutas de foie-gras y lo espolvorearemos con un poco de sal de vainilla, café y chile. En el centro del plato colocamos una cucharada pequeña de crema de foie-gras y, encima de esta, fijamos el taco. Acabamos con unas flores blancas y un brote de cilantro.

GOLD FEVER

Delicioso aperitivo de tonos dorados con aromas de flores y vainilla.

INGREDIENTES

1 cucharadita de zumo de yuzu
1 cl de licor de lichi
2 cl de aperitivo Suze
4 cl de vermut Martini Riserva Speciale Ambrato
4 cl bourbon Maker's Mark

ELABORACIÓN

Vaso mezclador

DECORACIÓN

Piel de limón

TIPO DE COPA

Copa de cocktail

PREPARACIÓN

Removemos los ingredientes en un vaso mezclador con abundante hielo.

Servimos el cocktail en una copa helada.

Finalizamos con la decoración.

QUIQUE DACOSTA
Restaurante Quique Dacosta
3 Estrellas Michelin

ROSA

INGREDIENTES

2 manzanas granny smith
150 ml de granadina
17 ml de vinagre de frambuesas
2 ml de agua de rosas
35 ml de ginebra Gin Mare
8 rosas

ELABORACIÓN

Con la ayuda de una laminadora, cortamos la manzana en láminas finas. Sumergimos las láminas en un baño de granadina, vinagre, agua de rosas y ginebra, y las osmotizamos en la máquina de vacío. Si no disponemos de máquina de vacío, dejamos reposar el conjunto durante 12 horas bajo un peso, para que las láminas de manzana absorban los líquidos.

Con unas tijeras pequeñas y con mucho cuidado, quitamos los pétalos centrales de cada rosa real y disponemos en su lugar las láminas de manzana, que emularán los pétalos originales en forma y en color.

RED VELVET

Afrutado, herbal y ligeramente picante. Terciopelo para nuestros sentidos.

INGREDIENTES

2 gotas de Droplets Hot Chili Peppers
4 gotas de Droplets Freshly Cut Celery
1 tomate pera mediano
2 cucharaditas de miel
1 cl de clara de huevo
1 cl cordial de lima Rose's
3 cl de zumo de pomelo
6 cl de zumo de arándanos

ELABORACIÓN

Coctelera

DECORACIÓN

Cítricos y especias

TIPO DE COPA

Copa tulipa

PREPARACIÓN

Batimos los ingredientes en una coctelera con abundante hielo.

Servimos el cocktail en una copa con hielo pilé.

Finalizamos con la decoración.

RODRIGO
DE LA CALLE

Restaurante El Invernadero

RAÍCES Y FRESAS

INGREDIENTES

200 g de fresas de Aranjuez

PARA LA CREMA DE NAPICOL

450 g de napicol laminado fino
1 l de nata
5 vainas de vainilla
200 g de azúcar
100 g de mantequilla

PARA LA GELATINA DE PIMIENTO

1 l de jugo de pimiento
100 g de azúcar
4 g de agar agar

PARA EL POLVO DE ZANAHORIA

1 l de licuado de zanahoria cruda
200 ml de nata
3 g de sal

PARA LAS LÁMINAS

zanahoria
nabo salsifí
calabacín
almíbar tpt

ELABORACIÓN

Para la crema de napicol, rehogamos el napicol con la mantequilla, cubrimos con agua y cocemos a fuego medio hasta que casi toda el agua se haya evaporado. Añadimos la nata previamente infusionada con la vainilla y dejamos cocer hasta que tenga la densidad deseada. Retiramos las vainas y trituramos con el azúcar en la Thermomix durante 5 minutos a la máxima velocidad. Envasamos al vacío y pasteurizamos.

Para la gelatina de pimiento, disolvemos el azúcar y el agar agar en un tercio del jugo. Llevamos a ebullición sin parar de remover a fuego alto. Unificamos todo y enfriamos muy rápido.

Para el polvo de zanahoria, mezclamos todos los elementos hasta homogeneizarlos y los congelamos en un bol del Pacojet. Turbinamos y reservamos a -18 °C

Para las láminas vegetales, hacemos lascas con la zanahoria, el salsifí y el calabacín en crudo. Incorporamos el almíbar y envasamos. Conservamos en la nevera.

Para servir, colocamos en el fondo de un plato hondo congelado la crema de napicol (emulsionamos para deshacer los grumos de la grasa fría). Incorporamos el jugo de pimientos gelificado en dos puntos sobre la crema. Cubrimos lo anterior con el polvo helado de zanahoria y colocamos las lascas vegetales sobre el polvo helado en forma de rulos huecos (enrollamos sobre la yema del dedo para darle el mismo grosor). Terminamos incorporando las fresas cortadas al gusto.

CAMBALACHE

Herbal, especiado y con notas de frutos secos. Buen compañero de sobremesa.

INGREDIENTES

0,5 cl de sirope de agave
4 hojas de salvia
1 cl de amaretto
1 cl de zumo de lima
1 cl de licor de membrillo
5 cl de ginebra Bombay Sapphire

ELABORACIÓN

Coctelera

DECORACIÓN

Cítricos y especias

TIPO DE COPA

Mate o un vaso bajo y ancho

PREPARACIÓN

Batimos los ingredientes en una coctelera con abundante hielo.

Servimos el cocktail en un vaso con hielo pilé.

Finalizamos con la decoración.

MANOLO DE LA OSA

Restaurante Las Rejas
1 Estrella Michelin

TAPA

INGREDIENTES

- queso manchego tierno
- anguila ahumada o, en su defecto, sardina ahumada, salmón o palometa
- manzana verde granny smith
- cebolla caramelizada
- confitura de tomate
- yogur griego natural
- raspadura de lima
- hojas de menta
- curry
- pimienta
- brotes o flores

ELABORACIÓN

Cortamos la manzana en rectángulos de 6 x 2,5 cm aproximadamente y 1 cm de grosor.

Cortamos el queso a la misma medida que la manzana, pero con un grosor de 2 cm, y lo doramos en una sartén antiadherente por todas las caras.

Cortamos la anguila a la misma medida que la manzana y el queso.

En un plato o fuente plana, colocamos los rectángulos de manzana y, sobre estos, el queso marcado en la sartén. Cubrimos con la cebolla caramelizada y, con la ayuda de la manga pastelera, realizamos encima unos puntitos de confitura de tomate. Por último, colocamos la anguila ahumada como si fuera un milhojas y la abrillantamos con un golpe de soplete (opcional).

Picamos finamente 2 o 3 hojas de menta, raspamos con un microrrallador un poquito de lima y espolvoreamos levemente con curry y pimienta. Mezclamos todo ello con el yogur y, con la ayuda de una manga pastelera, dibujamos unos puntitos sobre la anguila. Para finalizar, colocamos delicadamente sobre cada uno de ellos un pequeño brote o flor que armonice estéticamente.

FOLIES BERGÈRE

Una fantasía fresca, floral, envuelta de caricias dulces de vainilla.

INGREDIENTES

3 gotas de Droplets Green Cardamom
3 gotas de Droplets Tonka Bean
½ cucharadita de sirope de vainilla
1 cl de zumo de lima
4 cl de zumo de pomelo
2 cl de licor Suze
2 cl de licor de lichi
14 cl de cava Freixenet Ice

ELABORACIÓN

Coctelera

DECORACIÓN

1 vaina de vainilla bourbon y una brocheta de frambuesas y albahaca

TIPO DE COPA

Copa Tulipa

PREPARACIÓN

Batimos todos los ingredientes salvo el cava en una coctelera con abundante hielo.

Servimos el cocktail en la copa con cubitos enteros y cristalinos.

Añadimos el cava y removemos con suavidad.

Finalizamos con la decoración.

CHRISTIAN ESCRIBÀ
Pastelería Escribà

KILOMÈTRIC

INGREDIENTES

PARA LA MASA CRAQUELIN

15 g de mantequilla
20 g de azúcar
20 g de harina floja

PARA LA PASTA CHOUX

40 g de mantequilla
45 g de agua
3 g de azúcar
1 g de sal
45 g de leche
35 g de harina floja
13 g de harina de fuerza
75 g de huevo entero

PARA LA CREMA DE LIMÓN

50 g de zumo de limón
24 g de yema de huevo
24 g de huevo entero
40 g de azúcar
1 hoja de gelatina
10 g de chocolate blanco
45 g de mantequilla
ralladura de 1 limón

PARA DECORAR

40 g de frambuesa fresca
60 g de fresa fresca
20 g de arándanos
20 g de moras
25 g de azúcar antihumedad
25 g de gelatina fría

ELABORACIÓN

Para la masa craquelin trabajamos los tres ingredientes en la batidora con pala hasta conseguir una masa lisa y homogénea. Con la ayuda de un rodillo, estiramos la masa entre hojas de papel de horno hasta obtener un grosor de 1 mm y, con la ayuda de una regla, cortamos una tira de 60 cm de largo (o el máximo que nos permita nuestro horno y nuestro congelador) por 4 cm de ancho. Reservamos en el congelador.

Para la pasta choux, hervimos el agua, la leche, la sal, el azúcar y la mantequilla. Una vez fundida por completo la mantequilla, añadimos las harinas y removemos primero con varilla y luego con una espátula hasta que el fondo quede tostado. Cocemos durante unos 5-8 minutos. A continuación, pasamos la masa a la batidora con varilla y añadimos los huevos poco a poco hasta conseguir una masa lisa y homogénea. Metemos la masa en una manga y, con una boquilla del n.º 10 hacemos una tira de 55 cm de largo (o el máximo que nos permita nuestro horno) sobre la bandeja del horno cubierta con papel de horno. Cubrimos la pasta choux con la tira de masa craquelin y horneamos a 170 °C unos 35-40 minutos.

Para la crema, mezclamos el zumo de limón, la yema, el huevo entero y el azúcar. Llevamos la mezcla a 84 °C y, con la ayuda de una batidora de mano, añadimos el chocolate blanco, la mantequilla fría y la gelatina rehidratada. Reservamos en nevera.

Para montar el éclair, vaciamos la masa con un corte en V (cuña) en la parte superior del craquelin, espolvoreamos con azúcar antihumedad y rellenamos con la crema de limón. Decoramos con frutos rojos variados.

Lo que hace diferente y sorpresivo a este postre es su forma y tamaño (60 cm de largo). Si las medidas de nuestro horno y congelador no nos lo permiten, siempre podemos hacerlo en 2 partes y empalmarlas al final, disimulando la junta con la crema y con la decoración con frutas.

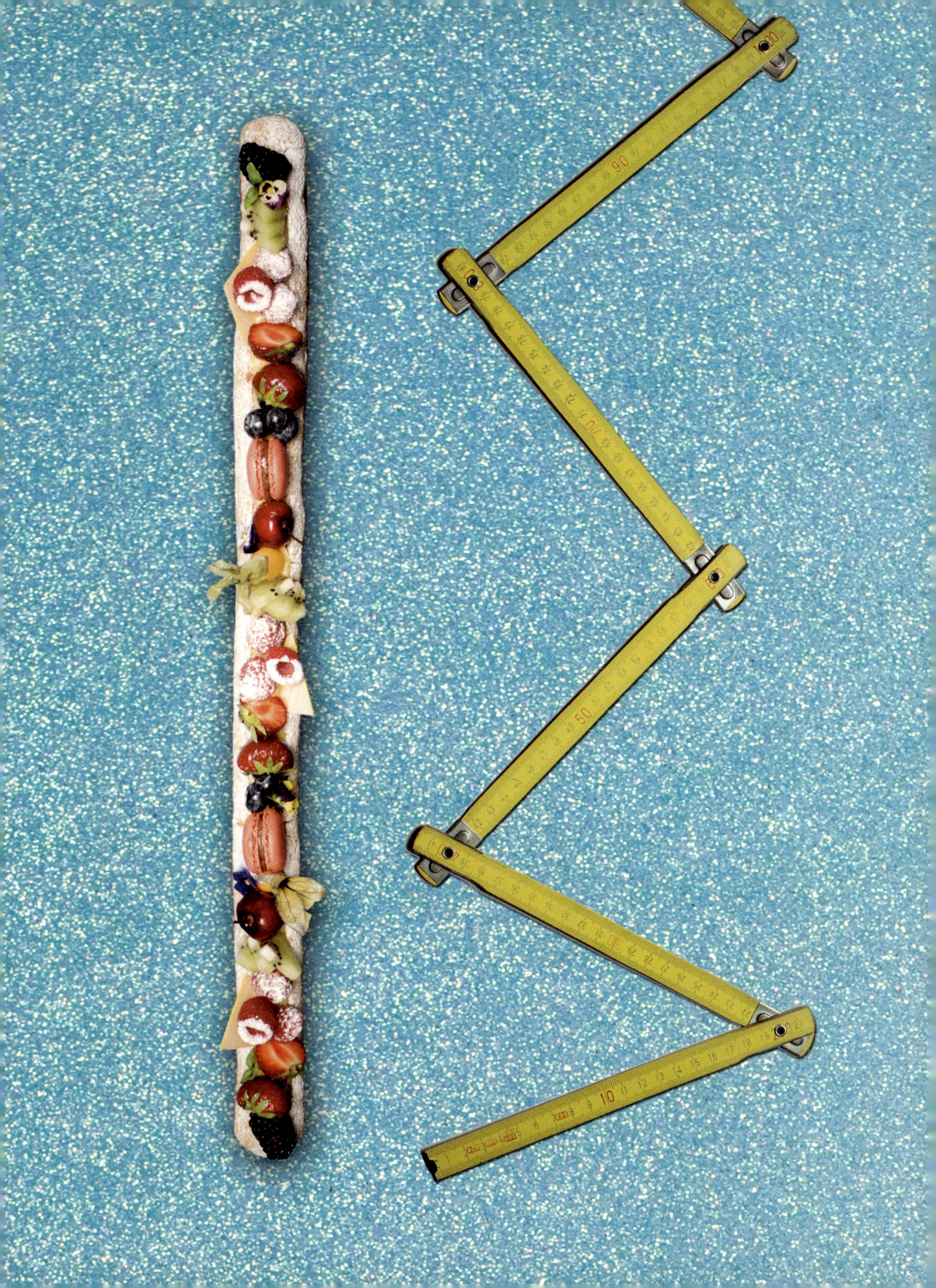

COCONUT RHAPSODY

Una rapsodia de coco en la que disfrutamos de todos los productos de esta deliciosa fruta.

INGREDIENTES

5 cl de puré de coco
2 cl de sirope de coco
3 cl de leche de coco
2 cl de agua de coco
3 cl de licor de coco Giffard
5 cl ron Bacardí Superior Carta Blanca

ELABORACIÓN

Coctelera

DECORACIÓN

Pimienta rosa y flores comestibles

TIPO DE COPA

Coco natural o vaso bajo y ancho

PREPARACIÓN

Batimos los ingredientes en una coctelera con abundante hielo.

Servimos el cocktail en un vaso con cubitos enteros y cristalinos.

Finalizamos con la decoración

THE DRY TEAM

By

JAVIER DE LAS MUELAS

Y

ROMAIN FORNELL
Restaurante Caelis
1 Estrella Michelin

OSTRA
CON PEPINO Y MENTA

INGREDIENTES

10 ostras rizadas número 3
200 g de pepino
200 g de manzana
20 ml de vinagre de arroz
goma xantana
hojas de menta
caviaroli

ELABORACIÓN

Trituramos el pepino junto con la manzana, la sal y el vinagre de arroz. Dejamos reposar en la nevera durante 4 horas. Pasamos por un chino con papel absorbente y texturizamos con la goma xantana. Reservamos en frío.

Deshojamos los cogollos de menta y reservamos en agua helada.

Abrimos las ostras y las servimos con el agua de pepino y acompañadas de un cogollo de menta y caviaroli.

TAMARIND TEA

Intensidad de sabores con predominio de té y especias.

INGREDIENTES

6 semillas de cardamomo
6 gotas de Droplets Green Cadamom
6 gotas de Droplets Fresh Ginger
1 cl de zumo de limón
10 cl de jugo de tamarindo
2 cl de ron Banks 7
3 cl de vodka Grey Goose
5 cl de Martini Rosso

ELABORACIÓN

Coctelera

DECORACIÓN

Semillas de cardamomo, romero, chile rojo y lima rallada

TIPO DE COPA

Jarra de acero o vaso ancho y bajo

ELABORACIÓN

Aplastamos con suavidad en una coctelera las semillas de cardamomo. Añadimos el resto de los ingredientes y los batimos con abundante hielo.

Servimos el cocktail en un vaso con hielo picado.

Finalizamos con la decoración.

XAVIER FRANCO
Restaurante Les Magnòlies
1 Estrella Michelin

VENTRESCA
DE ATÚN ROJO CON CUSCÚS

INGREDIENTES

400 g de ventresca de atún en un taco
250 g de salsa de soja
20 g de jengibre fresco rallado
aceite de oliva virgen
100 g de cuscús instantáneo
250 g de caldo dashi
(caldo japonés de atún)
1g de gelatina vegetal en polvo
50 g de nueces de macadamia fritas
¼ de manojo de cilantro fresco
1 bandeja de germinado
de nabo daikon
flores y hierbas comestibles

ELABORACIÓN

Empezamos macerando la ventresca. Para ello, cortamos el taco en rebanadas de 2 cm y las escaldamos en una cazuela con agua hirviendo durante 5 segundos. A continuación los refrescamos en agua con hielo y los introducimos en un recipiente con salsa de soja de manera que queden cubiertos. Dejamos macerar durante 4 horas. Pasado el tiempo, escurrimos la soja y eliminamos el exceso secando las piezas con papel absorbente de cocina. A continuación, rallamos el jengibre fresco y lo mezclamos con 100 g de aceite de oliva virgen. Introducimos la ventresca en este aceite y dejamos macerar toda la noche. Pasado este tiempo, cortamos la ventresca en láminas finas y reservamos. Reservamos también el aceite en el que se han macerado.

Seguimos con el cuscús. Hervimos 120 g de caldo dashi y lo vertemos sobre el cuscús extendido en un recipiente formando una capa de 1 cm. Lo cubrimos con un paño de cocina y dejamos reposar 10 minutos. Después raspamos la superficie con la ayuda de un tenedor para que el cuscús quede suelto. Aliñamos con el cilantro picado, las nueces de macadamia fritas y troceadas y un poco del aceite de jengibre de la marinada de atún.

Hervimos el resto de caldo dashi y diluimos en él la gelatina vegetal. Extendemos el caldo sobre una bandeja amplia para conseguir una fina capa de 1 mm de grosor y dejamos enfriar en la nevera.

En un plato llano, realizamos un lecho de cuscús y colocamos sobre él las láminas de ventresca. A continuación, las cubrimos con un trozo de la gelatina de dashi y aderezamos el plato con brotes de germinado de nabo daikon (podemos utilizar otros) y hojas y flores comestibles.

GEISHA HEART

Delicado y femenino. Una armonía de frutos rojos con notas herbales y ligeramente picante.

INGREDIENTES

2 gotas de Droplets Hot Chili Pepper
4 cl de puré de fresas
4 hojas de albahaca
2 cl de sirope de fresa
4 cl de ginebra Bombay Sapphire

ELABORACIÓN

Blender

DECORACIÓN

Flor comestible

TIPO DE COPA

Copa Tulipa

PREPARACIÓN

Batimos los ingredientes en una blender junto a 100 gramos de hielo pilé.

Servimos el cocktail en la copa.

RAMÓN FREIXA

Restaurante Ramón Freixa
2 Estrellas Michelin

TARTAR DE TOMATE
CON UN MAR Y MONTAÑA

INGREDIENTES

PARA EL TARTAR DE TOMATE

tomate raff
aceite de oliva virgen extra
sal
pimienta

PARA LA OBLEA NEGRA

190 g de caldo de jamón
10 g de tinta de calamar
160 g de aceite
28 g de Maizena

PARA LA FARSA GAMBA

1 cebolla
1 manojo de ajetes
1 pimiento rojo
1 pimiento verde
3 tomates de rama
3 cayenas
1,5 kg de gamba roja
200 g de caldo de gamba
2 hojas de gelatina
salsa XO

PARA LA EMPANADILLA DE GAMBA

farsa de gamba
pasta gyoza
clara de huevo

PARA LOS HILOS DE CARNE

jamón ibérico de bellota
caldo de jamón

PARA EL ALIOLI DE TINTA

1 huevo
1 yema
1 diente de ajo
150 g de aceite de oliva
sal
tinta de calamar

ELABORACIÓN

Para el tartar, escaldamos los tomates, los pelamos y picamos solamente la carne en forma de tartar. Aliñamos con aceite, sal y pimienta.

Mezclamos los ingredientes con la batidora de brazo. A continuación, vertemos 1 cucharada sobre una sartén caliente y marcamos para obtener la oblea. Repetimos la operación hasta acabar la mezcla. Reservamos en un lugar fresco y seco.

Picamos todas las verduras en brunoise fina. Las rehogamos junto con la cayena hasta que estén bien sofritas. Pelamos las gambas, las picamos y las añadimos al sofrito. Hacemos un caldo con las cabezas de las gambas y la salsa XO y lo trituramos. Hidratamos las hojas de gelatina en agua y las añadimos al caldo caliente, lo incorporamos al sofrito y ponemos a punto de sal y pimienta. Rellenamos moldes de quenelle con la farsa y reservamos en la nevera.

Para las empanadillas, pintamos el exterior de cada pasta gyoza con clara de huevo y ponemos en el centro una quenelle de farsa de gamba. Cerramos las empanadillas y las sellamos con un útil para empanadillas o un tenedor. Las cocemos en la vaporera durante 4 minutos y las acabamos de marcar en la plancha.

Para los hilos de carne, cocemos el jamón en el caldo durante 10 minutos. A continuación, deshilachamos el jamón y extraemos hilos muy finos. Los deshidratamos a 60 °C durante 5 horas y, a continuación, los freímos en aceite de oliva a 150 °C.

Para el alioli, hacemos una emulsión con la yema, el huevo, el ajo y la tinta de calamar, y añadimos aceite en hilo hasta conseguir una textura espesa. Rectificamos de sal.

Colocamos un círculo de tartar de tomate en la base del plato, sobre este la oblea negra, la empanadilla de gamba y terminamos con los hilos de carne. Repartimos puntos de alioli en el plato y servimos.

DRY MARTINI

Cocktail diamantino, muy seco, de gran fortaleza, sutil y elegante. Una bala de plata.

INGREDIENTES

2-3 gotas de vermut Martini Extra Dry

6 cl de ginebra Bombay Sapphire

Twist de limón (opcional)

ELABORACIÓN

Vaso mezclador

DECORACIÓN

Aceituna verde

TIPO DE COPA

Copa Martini

PREPARACIÓN

Servimos el vermut seco y la ginebra en el vaso mezclador junto con abundante hielo.

Removemos durante 15 segundos.

Servimos en copa de Martini.

Decoramos con una aceituna verde.

Si se desea, puede perfumarse con un twist de limón.

CARLES GAIG
Restaurante Gaig
1 Estrella Michelin

OSTRAS
AL NOILLY PRAT

INGREDIENTES

12 ostras
1 l de agua
80 g de sal
4 minizanahorias
4 minipuerros
4 cebolletas finas
4 ajos tiernos
4 brotes de coliflor
4 brotes de brócoli
0,5 dl de vinagre de sidra
1 dl de Noilly Prat seco
4 tiras de piel de limón
2 dl de aceite de cacahuete

ELABORACIÓN

Descalzamos las ostras y reservamos su agua. Ponemos a hervir el agua con la sal. Escaldamos 6 segundos las ostras y enfriamos rápidamente en agua y hielo. Secamos y guardamos en el agua natural de las ostras previamente reservada.

Escaldamos en agua y sal durante 12 segundos las zanahorias, los puerros, las cebolletas y los ajos. Enfriamos y secamos. Escaldamos 1 minuto los brotes de brócoli y coliflor. Enfriamos y secamos.

Ponemos un recipiente en el fuego y disponemos el aceite, el vinagre y el Noilly Prat. Incorporamos todas las hortalizas y dejamos cocer 7 minutos aproximadamente. Comprobamos el punto de sal y dejamos enfriar.

Sumergimos 2 minutos las ostras en el escabeche fino de Noilly Prat y disponemos en un plato junto con las hortalizas. Aromatizamos con un twist de piel de limón.

Servimos.

SANDS OF TIME

Cocktail especiado y sedoso.
Una original opción para el aperitivo.

INGREDIENTES

4 gotas de Droplets Oak Smoke
4 gotas de Droplets Green Cardamom
3 cl de zumo de piña
2 cl de agua de maracuyá
3 cl de Martini Rosato
3 cl ron Zacapa 23 años

ELABORACIÓN

Coctelera

DECORACIÓN

Especias y hierbas aromáticas

TIPO DE COPA

Copa Martini

PREPARACIÓN

Batimos los ingredientes en una coctelera con abundante hielo.

Servimos el cocktail en una copa helada.

Finalizamos con la decoración.

ABRAHAM GARCÍA
Restaurante Viridiana

BLANCO Y NEGRO
DE CHIPIRONES DEL DELTA DEL EBRO

INGREDIENTES

800 g de chipirones
(todas las criaturas del delta del Ebro, sirenas incluidas, tienen otro porte)

400 cl de fumet

un chorrito de vino blanco

2 rebanadas de pan

4 luctuosas tintas de calamar
(que gustosamente le facilitará su pescadero)

2 escalonias

1 hermosa cebolla

1 manzana reineta

4 dientes de ajo

1 lata de leche de coco
(suele ser de ½ litro)

30 g de mantequilla

1 cucharada colmada de harina

1 ramito de perejil

aceite de oliva

ELABORACIÓN

A fuego manso (como escribían mis ilustres colegas del Barroco) y sobre poco aceite sofreímos los ajos y la cebolla picadita. Cuando sendas verduras hayan perdido la vergüenza, y sin dejar de remover, añadiremos las rodajas de pan para que se doren levemente. En ese punto, agregaremos la manzana en lonchitas, bien lavada y sin pelar, el vino y, minutos más tarde para que se reduzca, la tinta de calamar. Ahora, sobre el conjunto, verteremos la mitad del fumet y reservaremos el resto. Sazonado debidamente con la necesaria sal y la preceptiva pimienta, lo trituraremos con la ruidosa Thermomix o el bendito túrmix, antes de pasarlo definitivamente por el más fino colador. Y hablando de «finos»: tiempo ha me topé con un crítico culinario tan tocapelotas que decía haber descubierto una mota en mi salsa de tinta.

Para la salsa de coco, procederemos de esta guisa: en una nuez de mantequilla sofreiremos amorosamente la escalonia bien picadita. Antes de que coja color, pero ya blanda, añadiremos la cucharada de harina y, revolviendo con energía, agregaremos acto seguido el resto del fumet y la leche de coco. Tras 10 tediosos minutos de fuego lento, y moviendo la varilla como El Onanista de La General, habremos conseguido que desaparezca todo ingrato rastro de harina. Será el momento de sazonar y colar la salsa.

En el último acto, y mientras se enfría el godello, pasaremos brevemente los chipirones por la plancha aceitada o por una gruesa sartén a fuego vivo, y los cubriremos con sendas salsas. El yin y el yang, que diría un cursi.

Un baluarte de arroz blanco en el que hondea a media asta una bandera de perejil se me antoja la guarnición idónea. Coman, beban... ¡aplaudan!

ACROSS THE UNIVERSE

Muy fresco, cítrico con notas de mandarina y jengibre.

INGREDIENTES

4 gotas de Droplets Fresh Ginger
2 rodajas de pepino
2 cl de zumo de lima
3 cl de sirope de yuzu o mandarina
3 cl de ginebra Bombay Sapphire
4 cl de cava Freixenet Cordón Negro

ELABORACIÓN

Coctelera

DECORACIÓN

Detalle de cítricos

TIPO DE COPA

Copa de cocktail o Martini grande

PREPARACIÓN

Aplastamos con suavidad el pepino en una coctelera con la ayuda de una maza.

Añadimos el resto de ingredientes salvo el cava.

Batimos los ingredientes con abundante hielo.

Servimos el cocktail en una copa helada.

Añadimos el cava y removemos con suavidad.

ÁNGEL LEÓN

Restaurante Aponiente
2 Estrellas Michelin

SURIMI
DE PESCADOS «CLANDESTINOS»

INGREDIENTES

1 tomaso o pez mantequilla

PARA EL MARINADO DE REMOLACHA

350 g de licuado de remolacha

6 tapones de salsa de soja

zumo de 1 limón

piel de 1 lima

50 g de jengibre licuado

PARA EL NABO JAPONÉS

1 nabo japonés (daikon)

licuado de remolacha

PARA EL REQUESÓN DE QUESO PAYOYO

100 g de nata

400 g de leche

piel de 1 limón

5 granos de pimienta

12 g sal gorda

ELABORACIÓN

Cogemos el lomo del tomaso y, con la ayuda de un cuchillo, sacamos unos cilindros de 15 cm de longitud. Reservamos.

Mezclamos todos los ingredientes para el marinado de remolacha y, a continuación, envasamos al vacío los rulos de tomaso con el líquido del marinado. Dejamos marinar al menos 12 horas.

Cortamos el nabo japonés en cubos de 1 cm y los introducimos en una bolsa al vacío junto con el licuado de remolacha. Hacemos ósmosis al vacío tres veces y, a continuación, envasamos al 100 x 100. A la hora de servir, sacamos los cubos y los secamos bien.

Para el requesón de queso payoyo, infusionamos en frío la nata con la leche, la pimienta y la sal durante 24 horas. Al día siguiente, añadimos el zumo del limón y llevamos a ebullición a fuego lento para que se corte. Metemos el líquido en una media y ponemos un peso encima para escurrir el suero y quedarnos con la pasta. La metemos en una manga y la congelamos.

Sacamos los rulos de tomaso de la bolsa al vacío y los secamos un poco. Los cortamos en rodajas de unos 2 cm de grosor para que parezcan vieiras. Colocamos el nabo al lado del tomaso y rallamos sobre este el queso payoyo congelado.

MANGLAR

Cremoso, afrutado y con un elegante final de vainilla.

INGREDIENTES

1 cl de sirope de vainilla

1 cl de zumo de limón

2 cl de puré de piña

3 cl de puré de mango

3 cl de puré de calabaza

2 cl de ron Bacardí Superior Carta Blanca

3 cl de ron Bacardi 8

ELABORACIÓN

Coctelera

DECORACIÓN

Hojas de lima kaffir

TIPO DE COPA

Coco natural o bol de cerámica

PREPARACIÓN

Batimos los ingredientes en una coctelera con abundante hielo.

Servimos el cocktail en un recipiente con hielo.

Finalizamos con la decoración.

MARC GASCONS
Restaurante Tinars

PIÑA, LIMÓN, MENTA Y YOGUR

INGREDIENTES

PARA EL PURÉ DE PIÑA
600 g de piña
150 g de zúcar
100 g de agua
1 g de goma xantana

PARA EL CREMOSO DE PIÑA
300 g de puré de piña
130 g de nata 35% m.g.
3 hojas de gelatina

PARA LA PIÑA
100 g de piña
100 g de azúcar
50 g de agua

PARA LAS ESFERAS DE YOGUR
50 g de yogur ecológico de vaca
3 g de alginato
500 g de agua

PARA EL ZUMO DE MENTA
250 g de menta
150 g del agua de la cocción
1 g de goma xantana
sal

PARA DECORAR
Hojas de eneldo

ELABORACIÓN

Empezamos con el puré de piña. Pelamos la piña y retiramos la parte central, más dura. La ponemos a hervir en un cazo con el agua y el azúcar durante 30 minutos. Retiramos y trituramos. Reservamos en la nevera durante 24 horas y después pasamos por una estameña. Tomamos 100 g de este zumo de piña y lo mezclamos con la goma xantana. Reservamos.

Seguimos con el cremoso de piña. Hidratamos la gelatina con agua y hielo. Montamos 100 g de nata. Colamos la gelatina y la deshacemos en un cazo al fuego con la nata restante. Mezclamos bien el puré de piña que hemos reservado con la nada montada, poco a poco y con movimientos envolventes para evitar que baje la nata. Añadimos la gelatina, también con movimientos envolventes, y reservamos.

Seguimos con la piña. Elaboramos un almíbar hirviendo en un cazo el agua y el azúcar hasta que se deshaga. Enfriamos en la nevera. Cortamos la piña en dados de 1 cm y los bañamos en el almíbar. Envasamos al vacío y dejamos reposar 3 días.

Seguimos con las esferas de yogur. Mezclamos el agua con el alginato y dejamos reposar 12 horas. Con una cuchara de esferas, hacemos bolas de yogur dentro del agua y las dejamos en el baño durante 3 minutos. Las retiramos, las pasamos por agua limpia y las reservamos en leche.

Para el zumo de menta, escaldamos las hojas en un cazo al fuego y, a continuación, las enfriamos en agua con hielo. Reservamos 150 g de agua de la cocción. Trituramos las hojas de menta con el agua en un robot de cocina y ligamos con la goma xantana. Rectificamos de sal.

En un plato hondo ponemos el puré de piña y colocamos encima los dados de piña. A continuación, hacemos puntos de cremoso de piña con la ayuda de una manga pastelera y colocamos las esferas de yogur. Para acabar, hacemos unos puntos con el zumo de menta y acabamos con unas hojas de eneldo.

WILD WILD BREAKFAST

Para disfrutar de un gran bourbon. Contundente pero armónica fusión de cítricos y whisky.

INGREDIENTES

2 cucharaditas de confitura de naranja
2 rodajas de naranja
3 gotas de Droplets Absinthe Van Gogh
1,5 cl de vermut Martini Rosso
1,5 cl de licor Grand Marnier amarillo
4 cl de bourbon Maker's Mark
Espuma de cítricos

ELABORACIÓN

Coctelera

DECORACIÓN

Cítricos deshidratados, pimienta rosa y naranja rayada

TIPO DE COPA

Jarra o vaso ancho y bajo

PREPARACIÓN

En un sifón de cocina preparamos una espuma de cítricos.

Por otro lado aplastamos con suavidad en una coctelera las rodajas de naranja y añadimos el resto de ingredientes.

Batimos enérgicamente con abundante hielo y servimos el cocktail en un vaso con hielo.

Añadimos por encima la espuma.

Finalizamos con la decoración.

NANDU JUBANY

Restaurante Can Jubany
1 Estrella Michelin

CÍTRICO
CON EMULSIÓN DE AROMÁTICAS Y YOGUR

INGREDIENTES

PARA LA CREMA DE AROMÁTICAS

75 g de albahaca
75 g de menta
10 g de piel de limón
75 g de azúcar
0,2 g de goma xantana
60 g de aceite de oliva virgen
60 g de aceite de girasol
20 g de caramelos Fisherman's Friend
½ hoja de gelatina
120 g zumo de limón

PARA LA EMULSIÓN DE AROMÁTICAS

⅓ de crema de aromáticas
⅓ de aceite de oliva virgen
⅓ de leche de coco

PARA LOS CÍTRICOS

Pomelo rosa
Naranja sanguina
Naranja

PARA EL MERENGUE SECO DE YOGUR

100 g de azúcar
100 g de clara de huevo
100 g de azúcar lustre
10 g de yogur en polvo

PARA LA INFUSIÓN FRÍA DE HIERBALUISA

1,5 kg de agua
40 g de hierbaluisa seca

PARA EL SORBETE DE HIERBALUISA

1,5 kg de infusión de hierbaluisa
250 g de mosto
200 g de zumo de lima
150 g de procrema frío
100 sosa
68 g de dextrosa
370 g de azúcar

PARA EL GRANIZADO DE VERMUT Y SANGUINA

500 g de zumo de naranja sanguina
250 g de vermut Izaguirre blanco
2 hojas de gelatina
30 g de zumo de lima

OTROS

Brotes de albahaca
Brotes de menta

ELABORACIÓN

Empezamos con la crema de aromáticas. Lavamos y escogemos las hojas y ponemos todos los ingredientes en el recipiente del Pacojet. Calentamos una parte del zumo de limón y disolvemos en él las hojas de gelatina previamente hidratadas en agua y hielo. Juntamos las dos mezclas y congelamos. Antes de usar, lo pasamos por el Pacojet.

Para la emulsión de aromáticas, mezclamos todos los ingredientes en un bol para que quede cortado.

Por otro lado, pelamos los cítricos y los separamos en gajos.

Para el merengue seco de yogur, montamos las claras con ayuda del azúcar. Cuando estén firmes, añadimos fuera de la máquina el azúcar lustre y mezclamos. Finalmente, añadimos el yogur y mezclamos. Estiramos la mezcla entre 2 láminas de Silpat y la deshidratamos. Una vez seco, lo rompemos en trozos pequeños e irregulares.

Para la infusión, mezclamos en un bol el agua y la hierbaluisa seca. Dejamos macerar en frío durante 24 horas y la colamos con un colador fino.

Para el sorbete, mezclamos primero los sólidos y los mezclamos con el resto de ingredientes líquidos. Pasamos la batidora de mano y homogeneizamos. Reservamos en la nevera durante 4 horas. Pasamos por la sorbetera.

Para el granizado, dejamos decantar en la nevera el zumo de naranja sanguina. Abrimos el brick y cogemos la parte superior. Colamos para obtener 400 g de zumo de naranja sanguina. Hidratamos con agua y hielo las gelatinas. Calentamos ¼ del zumo de naranja sanguina y deshacemos en él las gelatinas. Añadimos el resto de zumo y, seguidamente, el resto de ingredientes. Mezclamos y congelamos.

Emplatamos todos los elementos en un plato hondo y decoramos con unos brotes de albahaca y menta.

SCENTED NEGRONI

Aperitivo de gran fortaleza, intenso y final amargo.

INGREDIENTES

5 gotas de Droplets Mediterranean Rosemary

3 cl de vermut Martini Rosso

3 cl de Campari

3 cl de ginebra Bombay Sapphire

ELABORACIÓN

Directo en vaso

DECORACIÓN

Rodaja de pomelo, ramita de romero

TIPO DE COPA

Copa de vino

PREPARACIÓN

Servimos los ingredientes en una copa helada.

Añadimos abundante hielo y removemos durante 10 segundos.

Finalizamos con la decoración.

JUANJO LÓPEZ
Restaurante La Tasquita de Enfrente

BOCADILLO DE ANCHOAS

INGREDIENTES

8 anchoas frescas del norte
8 anchoas en salazón (máxima calidad 000)
aceite de oliva virgen extra (para freír)

ELABORACIÓN

Limpiamos bien las anchoas frescas, las separamos en lomos y las dejamos en agua fría con hielo unos 15 minutos.

A continuación, las secamos, las freímos a fuego muy fuerte y las retiramos sobre papel absorbente de cocina para eliminar el exceso de aceite.

Para terminar, introducimos una anchoa en salazón entre dos lomos y, listo, ¡bocadillo de anchoas!

SPICED BEER

Fresco, especiado, cítrico y con ligero amargo final.

INGREDIENTES

3 gotas de Droplets Indian Spices
1 gota de Droplets Hot Chili Pepper
4 hebras de azafrán
4 cl de jugo de tamarindo
3 cl de ginebra Bombay Sapphire
15 cl de cerveza San Miguel Especial

ELABORACIÓN

Coctelera

DECORACIÓN

Cítricos y especias

TIPO DE COPA

Vaso *highball*

PREPARACIÓN

Batimos los ingredientes salvo la cerveza en una coctelera con abundante hielo.

Servimos el cocktail en un vaso con cubitos enteros y cristalinos.

Añadimos la cerveza y removemos con suavidad.

Finalizamos con la decoración.

JOAN MANUBENS
Restaurante Passadís del Pep

HUEVOS FRITOS
CON PATATAS

INGREDIENTES

PARA LOS HUEVOS
2 huevos frescos de gallinas en libertad
150 cl de aceite de oliva
50 cl de aceite de girasol
sal

PARA LAS PATATAS
200 g patatas
8-10 dientes de ajo
4-5 ramitas de tomillo
aceite de oliva

ELABORACIÓN

Pelamos y chascamos las patatas en trozos de bocado y las ponemos a pochar en una sartén con aceite, los dientes de ajo chafados y el tomillo. Cuando estén bien pochadas, subimos la temperatura al máximo para que se doren por fuera y reservamos en caliente.

Mezclamos los dos aceites y los calentamos en una sartén. Antes de que hierva, cascamos los huevos y los echamos de uno en uno con cuidado de no romper la yema. Con la ayuda de una cuchara, los iremos regando con el mismo aceite de la sartén hasta que la clara esté bien cuajada, pero con cuidado de que la yema quede líquida. Retiramos.

En un plato ponemos las patatas en el fondo y cubrimos con los huevos fritos. Añadimos sal al gusto y servimos inmediatamente.

TISANA TROPICAL

Muy fresco, afrutado y cítrico.
Un encuentro mediterráneo.

INGREDIENTES

½ cucharadita de sirope de vainilla
1 cucharadita de zumo de limón
5 cl de zumo de naranja
2 cl de zumo de maracuyá
2 cl de zumo de piña
15 cl de cava Freixenet Cordón Negro

ELABORACIÓN

Coctelera

DECORACIÓN

Frutas variadas

TIPO DE COPA

Copa de vino o balón

PREPARACIÓN

Batimos en una coctelera todos los zumos y el sirope y servimos en la copa con abundante hielo.

Escanciamos el cava y removemos con suavidad.

Finalizamos con la decoración.

QUIM MÁRQUEZ

Restaurante El Quim de la Boqueria

VIEIRAS
CON SALSA DE MISO

INGREDIENTES

3 vieiras frescas
3 rodajas de calabacín
3 rodajas de remolacha cocida
3 berberechos frescos al vapor
3 hojas de germinado de shiso
3 medios tomates cherry
salsa de miso
sal
pimienta

ELABORACIÓN

Hacemos a la plancha las vieiras, las rodajas de calabacín y remolacha y los tomates cherry. Hacemos los berberechos al vapor.

Para servir, disponemos las rodajas de remolacha sobre un plato, las cubrimos con las rodajas de calabacín y acabamos con las vieiras. Disponemos un berberecho y una hoja de shiso encima de cada vieira y ½ tomate cherry al lado de cada montón. Por último, añadimos la salsa de miso y salpimentamos al gusto.

WASABI MULE

Muy cítrico, equilibrado y con un delicioso y definido sabor a wasabi.

INGREDIENTES

⅓ de cucharadita de wasabi en pasta
5 gotas de Droplets Fresh Ginger
2 cl de zumo de limón
2 cl de sirope de agave
4 cl de ginger beer
6 cl de vodka Grey Goose

ELABORACIÓN

Coctelera

DECORACIÓN

1 rodaja de lima, lima rayada y eneldo

TIPO DE COPA

Jarra metálica o vaso ancho y bajo

PREPARACIÓN

Batimos los ingredientes excepto la ginger beer en una coctelera con abundante hielo.

Servimos el cocktail en el vaso con cubitos enteros y cristalinos.

Añadimos la ginger beer y removemos con suavidad.

Finalizamos con la decoración.

HIDEKI MATSUHISA
Restaurante Koy Shunka
1 Estrella Michelin

TEXTURA DE CHIPIRONES
CON SALSA DE UME

INGREDIENTES

100 g de chipirones
1 pepino
20 g de tobiko
30 g de salsa de ume
30 g de aceite de oliva virgen extra

ELABORACIÓN

Limpiamos los chipirones y los escaldamos en agua caliente a 65 °C durante 1 minuto. A continuación cortamos el pepino en tiras muy finas.

Al emplatar, añadimos algunos granos de tobiko, un chorrito de salsa de ume y aceite de oliva.

ROPPONGI HILLS

Sofisticado, envolvente, casi mágico.
Pura seducción para nuestros sentidos.

INGREDIENTES

1 cl de zumo de yuzu
2 rodajas de jengibre
2 cl de zumo de maracuyá
2 cucharaditas de semillas de maracuyá
2 cucharaditas de miel de acacia
3 cl de oporto blanco
5 cl de whisky japonés Suntory Yamazaki 12 años

ELABORACIÓN

Coctelera

DECORACIÓN

Rodaja de pomelo deshidratado, grosellas, semillas de maracuyá y chile asiático.

TIPO DE COPA

Copa tulipa

PREPARACIÓN

Batimos los ingredientes en una coctelera con abundante hielo.

Abrimos la coctelera y retiramos el hielo con unas pinzas .

Servimos el cocktail en la copa con hielo pilé.

Removemos con una cucharilla de bar.

Finalizamos con la decoración.

PACO PÉREZ

Restaurante Miramar
2 Estrellas Michelin

ROPPONGI HILLS

INGREDIENTES

PARA EL LOMO DE JUREL AHUMADO

100 g de lomo de jurel
25 g de sal marina
25 g de azúcar moreno
virutas de madera de olivo

PARA EL AGUA DE TOMATE A LA BRASA

500 g de tomate pimiento
3 g de sal en escamas
50 g de aceite de oliva arbequina
0,3 g de goma xantana por cada 100 g de jugo

PARA EL ACEITE DE BRASAS

150 g de brasas de olivo
300 g de aceite de girasol

PARA LA YEMA AHUMADA DESTILADA

175 g de yema de huevo pasteurizada
25 g de aceite de brasas de olivo
1 g de sal en escamas

PARA EL AIRE DE MIEL

200 g de miel de romero
400 g de agua mineral
3 g de Lecite

PARA LOS MATICES

piel de lima
piel de naranja
piel de limón
piparras encurtidas
cebollitas encurtidas
brotes de berro

ELABORACIÓN

Sacamos los lomos al jurel con un cuchillo, retiramos la piel y cualquier espina. Mezclamos la sal marina con el azúcar moreno. En una bandeja, repartimos una parte de la mezcla y sobre esta ponemos los lomos de jurel. Cubrimos los lomos con el resto de la marinada y dejamos en la nevera durante 30 minutos. Retiramos los lomos de la marinada y los lavamos bajo el chorro de agua fría. Secamos bien con un poco de papel de cocina.

Ahumamos los lomos marinados con virutas de madera de olivo durante 1 hora en frío.

Para el agua de tomate a la brasa, lavamos los tomates, escurrimos bien, añadimos el aceite de oliva y las escamas de sal. Repartimos los tomates en una bandeja de horno y los cubrimos con papel de aluminio. Hacemos unos pequeños agujeros en el papel y asamos los tomates a fuego medio en un horno de leña con madera de olivo. Cuando los tomates estén bien asados, los ponemos en un escurridor con una estameña fina y dejamos que suelten todo su jugo. Ponemos a punto de sal el jugo y texturizamos con goma xantana en una proporción de 0,3 g de goma xantana por cada 100 g de jugo de tomate asado. Reservamos.

Para el aceite de brasas, ponemos en una cocotte de hierro las brasas de madera de olivo, añadimos el aceite de girasol sobre las brasas y tapamos con papel de aluminio. Dejamos reposar 24 horas a temperatura ambiente, colamos y reservamos.

Para la yema, mezclamos la yema de huevo, el aceite de brasas de olivo y la sal en escamas. Destilamos la mezcla en una Rotaval hasta conseguir la textura deseada. Reservamos.

Para el aire de miel, ponemos en un cazo la miel y la llevamos al fuego hasta que caramelice. En este punto añadimos el agua, diluimos bien la miel caramelizada y reducimos hasta obtener 400 g de mezcla total. Dejamos enfriar y añadimos el Lecite en polvo. Reservamos para levantar el aire al momento del emplatado con la ayuda de una batidora de mano.

Para los matices, retiramos la piel de los cítricos sin que tenga ninguna parte blanca. Hacemos una fina juliana con cada una de las pieles y reservamos. Cortamos las piparras en pequeños trozos al bies y reservamos.

Para emplatar, disponemos en el centro del plato el jugo de tomate asado y texturizado; sobre este, unas finas líneas de yema ahumada destilada. Cortamos los lomos de jurel ahumado al bies y los repartimos alrededor del jugo de tomate. Presentamos los matices de yema destilada, pieles cítricas, piparras y brotes de berro sobre los trozos de jurel marinado. Acabamos con toques de aire de miel.

SURFIN' IN FRISCO

Paladar sedoso muy afrutado y herbal. Placer reconstituyente.

INGREDIENTES

1 rodaja de jengibre

1,5 cl de sirope de caña

2 cl de zumo de limón

8 hojas de menta

3 cl de licor de nueces de California

2 cucharaditas de mantequilla de nueces de California

10 cl de zumo de piña

3 cl de cachaça Leblon

ELABORACIÓN

Batidora eléctrica

DECORACIÓN

2 hojas de piña, 1 lichi y semillas de maracuyá

TIPO DE COPA

Copa de zumo

PREPARACIÓN

Servimos todos los ingredientes en una batidora de vaso.

Batimos a velocidad media durante 1 minuto.

Servimos el cocktail en la copa con hielo pilé.

Finalizamos con la decoración.

FERNANDO PÉREZ ARELLANO
Restaurante Zaranda
2 Estrellas Michelin

SAAM
DE ANGUILA AHUMADA

INGREDIENTES

PARA EL WRAP

4 láminas circulares de manzana granny smith con piel

8 láminas de rabanillo

agua con hielo y mucha hierbabuena

PARA LA ENSALADA WALDORF

2 bastones de apio de la zona interna amarilla y sus hojas, picados finamente

½ manzana granny smith en brunoise

1 cucharadita de cebolleta verde picada

1 cucharadita de rabanillo picado

1 cucharada de nueces picadas

½ cucharada de huevas de salmón Keta

1 cucharada de yogur

PARA EL GÁSTRICO DE MENTA

100 ml de vinagre de manzana

100 g de azúcar

4 g de Gelespessa

40 g de hojas de menta

PARA TERMINAR LA TAPA

4 lomos de anguila ahumada de unos 20 g cada uno

1 cucharada colmada de huevas de salmón Keta

ELABORACIÓN

Empezamos con el wrap. Para ello, introducimos las láminas de manzana y rabanillo en el agua durante 2 horas para que cojan aroma a menta y se vuelvan crujientes.

A continuación, ensamblamos el conjunto de ingredientes de la ensalada Waldorf y ajustamos la sazón.

Para el gástrico, introducimos las hojas de menta en agua hirviendo durante unos 20 segundos. A continuación, las enfriamos en agua helada y las escurrimos presionando. A continuación, hervimos el vinagre y el azúcar e incorporamos Gelespessa con la ayuda de un batidor. Dejamos enfriar y trituramos finamente junto con la menta. Hay que emplearlo enseguida para evitar que pierda el verde.

Sobre una pieza de vajilla adecuada, encajamos las láminas de manzana de forma cónica y las rellenamos con la ensalada Waldorf. Disponemos a un lado los lomos de anguila ahumada, entibiados y holgadamente napados con el gástrico de menta. Decoramos con los rabanillos y las huevas de salmón.

KIR ROYAL

Elegante y delicado cocktail de champán con notas de frutos rojos. El brindis perfecto.

INGREDIENTES

1 cl de crema de casis

14 cl de cava Freixenet Cordón Negro

ELABORACIÓN

Directo en copa

TIPO DE COPA

Copa flauta

PREPARACIÓN

Servimos la crema de casis en la copa y, a continuación, el cava.

Removemos suavemente con una cucharilla de bar.

FERMÍ PUIG
Restaurante Fermí Puig

GOUGÈRES
DE PARMESANO

INGREDIENTES

250 g de agua
250 g de harina
250 g de mantequilla
4 huevos
80 g de queso parmesano
1 cc de sal

ELABORACIÓN

Hervimos el agua con la pizca de sal y la mantequilla. Fuera del fuego, añadimos la harina de golpe y removemos. Volvemos a poner a fuego muy suave y removemos un par de minutos para quitar humedad a la masa. A continuación, colocamos la masa en una batidora e incorporamos los huevos uno a uno. Por último, añadimos 40 gramos de queso parmesano.

Introducimos la masa en una manga pastelera y con su ayuda depositamos pequeñas porciones de masa sobre una placa forrada con papel de horno. Saldrán unas 40. Espolvoreamos con el resto del parmesano y horneamos a 200 °C durante unos 15 minutos. Servimos.

SOMEONE LIKE YOU

Una propuesta muy seductora ligada con armonías de frutas, botánicos y miel.

INGREDIENTES

2 gotas de Droplets Orange Blossom Honey
1 golpe de Peychaud's bitters
1,5 cl de sirope de fresas
1 cl de clara de huevo
3 frambuesas
2 cl de zumo de pomelo
5 cl de ginebra Bombay Sapphire

ELABORACIÓN

Coctelera

DECORACIÓN

Decoración floral en el tallo de la copa

TIPO DE COPA

Copa cocktail

PREPARACIÓN

Batimos los ingredientes en una coctelera con abundante hielo.

Servimos el cocktail en una copa helada.

Finalizamos con la decoración.

FINA PUIGDEVALL

Restaurante Les Cols
2 Estrellas Michelin

PLATILLO

INGREDIENTES

100 g de costillar de cerdo

100 g de papada de cerdo

100 g de carne picada para hacer minialbóndigas (aderezada con sal, pimienta, perejil picado, ajo picado, huevo y pan empapado en leche)

100 g de muslo de pato

8 cebollitas

1 dl de coñac

25 g de gochujang

25 g de Jang for Wok

4 dl de jugo de pollo asado

compota de fresa

pimienta recién molida

ELABORACIÓN

En una cacerola con un buen chorro de aceite de oliva doramos toda la carne salpimentada con las cebollitas peladas. Añadimos el coñac y flambeamos. Reservamos.

Envasamos al vacío todas las carnes y las cebollitas aliñadas con gochujang y Jang for Wok. Las hacemos en el horno de vapor a 80 °C durante dos horas y media. Sacamos las carnes, las deshuesamos y las cortamos en daditos de 2 x 2 cm.

Salteamos los daditos en una sartén hasta dejarlos bien dorados y los remojamos en el jugo del asado. Integramos los sabores durante 5 minutos a fuego suave.

Disponemos aleatoriamente las distintas carnes en el plato, con las cebollitas e intercalamos unas gotas de compota de fresa. Acabamos con la pimienta recién molida.

THE BIG APPLE

Sencillamente, una gran manzana. Intenso sabor a manzana vestida de cítricos y destilados.

INGREDIENTES

700 g de helado de manzana granny smith

3 cl de zumo de limón

3 cl de Calvados

3 cl de vodka Zubrówka

5 cl de licor de manzana verde

25 cl de ginebra Bombay Sapphire

ELABORACIÓN

Batidora eléctrica de vaso

DECORACIÓN

Frutos y flores comestibles variadas.

TIPO DE COPA

Ponchera con tazas o vasos a juego.

PREPARACIÓN

Servimos todos los ingredientes en una batidora eléctrica de vaso.

Batimos a velocidad media durante 1 minuto.

Servimos el cocktail en la ponchera con abundante hielo.

Finalizamos con la decoración.

ALBERT RAURICH

Restaurante Dos Palillos

1 Estrella Michelin

SOLOMILLO DE POLLO
CURADO AL ESTILO COREANO

INGREDIENTES

PARA PASTA DE KIMCHEE CASERA

1 g de arroz japonés

12 g de ajo

2 g de jengibre

40 g de manzana fuji

12 g de cebolla blanca

18 g de gambita en salazón

22 g de guindilla (especial kimche)

12 g de fish sauce

6 g de miel

3 g de dashi en polvo

PARA CURAR EL FILET MIGNON

100 g de filet mignon (solomillo de pollo)

50 g de sal común

20 g de azúcar

150 g de sake Kyoto Takara

100 g de manzana fuji

PARA LAS OSTRAS

10 ostrones

PARA LA MANZANA FUJI

100 g de manzana fuji

50 g de azúcar

PARA LA SALSA KIMCHEE LÍQUIDA

15 g zumo de manzana fuji

350 g col china

50 g sal común

PARA DECORAR

20 g piñones

10 g germinado de borraja

5 g flor de ajo

20 g aceite de sésamo virgen

20 g cebolla china

ELABORACIÓN

Empezamos con la pasta de kimchee casera. Mezclamos todos los ingredientes con la Thermomix (o con una batidora de mano) hasta conseguir una pasta fina. Reservamos en frío.

A continuación, salamos los solomillos de pollo y los dejamos curar durante 2 horas para que pierdan la mayor cantidad de agua posible. Transcurrido el tiempo de curación, lavamos con agua para retirar toda la sal y después los lavamos con sake. Secamos bien. Los rebozamos con azúcar y los dejamos reposar tapados durante 12 horas. Pasado el tiempo, cubrimos por completo cada filet con pasta kimchee y maceramos durante 24 horas. Una vez macerado, retiramos el exceso de pasta kimchee y cortamos el pollo curado a lo largo en lonchas de 4-6 g.

Preparamos las manzanas; para ello, las pelamos, les quitamos el corazón y las cortamos, igual que el pollo, en láminas finas de aproximadamente 8 x 1 x 0,2 cm de grosor. Una vez cortadas, las cubrimos de azúcar durante 1 hora hasta que sean moldeables. Las lavamos y las guardamos en el agua que han desprendido previamente colada.

Con la ayuda de un abreostras, abrimos las ostras ligeramente sin abrirlas del todo. Con ayuda de una puntilla cortamos el pedúnculo que une la ostra con la cáscara. Sujetamos la ostra por el pedúnculo y recortamos la telilla que rodea la carne de la ostra. Las conservamos en su propia agua previamente pasada por la estameña.

Para la salsa kimchee líquida, cortamos la col china en cuartos a lo largo. Salamos 2/4 de la col por cada capa y la dejamos 12 horas en reposo sobre una rejilla para que pierda el agua. Pasado este tiempo, la apretamos con las manos para sacar todo el exceso de agua que pueda contener. Con la ayuda de unos guantes, pasamos la pasta kimchee por cada una de las hojas hasta que el interior y el resto de la col quede cubierta por una capa de pasta kimchee. Envasamos al vacío y dejamos macerar durante 7 días. Pasado este tiempo, exprimimos la col y retiramos la pasta kimchee que pueda contener. A esta agua la llamamos «agua de col fermentada». Para acabar, mezclamos 20 g de pasta kimchee con el zumo de manzana y 40 g de agua de col fermentada. Colamos y reservamos en frío.

Sobre un plato, disponemos 3 láminas de pollo en forma de «s». A continuación, hacemos lo mismo con 2 láminas de manzana. Cortamos la ostra por la mitad a lo ancho y la ponemos en extremos opuestos. Salseamos con 8 g de salsa líquida kimchee sin manchar la manzana. Colocamos 2 espirales de cebolla encima del pollo. Cortamos la salsa del plato con unas gotas de aceite de oliva virgen de sésamo. Acabamos con 2 hojitas de germinado de borraja apoyadas en la ostra, 1 flor de ajo en el centro y 2 piñones tostados previamente en cada plato.

THE PIPE

Cocktail de gran fortaleza, maduro, tostado y muy ahumado.

INGREDIENTES

3 gotas de Droplets Van Gogh Absinthe
3 gotas de Droplets Indian Spices
1,5 cl de crema de cacao blanca
2 cl de vermut Martini Gran Lusso
1,5 cl de whisky Lagavulin 16 años
2,5 cl de whisky Dewards 12

ELABORACIÓN

Vaso mezclador

DECORACIÓN

Anís estrellado y láminas de chocolate

TIPO DE COPA

Pipa de cristal o copa de cocktail

PREPARACIÓN

Removemos los ingredientes en un vaso mezclador con abundante hielo.

Servimos el cocktail en una botella de cristal helada.

Introducimos humo de tabaco de pipa en el interior de la botella.

Tapamos la botella y la rotamos 5 o 6 veces de arriba abajo para ahumar el cocktail.

Servimos el cocktail en la copa.

Finalizamos con la decoración.

JOAN ROCA

Restaurante El Celler de Can Roca

3 Estrellas Michelin

SOUFFLÉ
DE TRUFA BLANCA Y NEGRA

INGREDIENTES

PARA EL ARO DE TRUFA

2 trufas negras frescas de 50 g

Clara de huevo

PARA LA MUSELINA DE TRUFA BLANCA

500 g de nata

150 g de trufa blanca fresca

2,3 g de goma xantana

300 g de claras de huevo

sal

PARA EL EMPLATADO

Aceite de trufa negra

Láminas de trufa blanca

10 g de serrín de encina

ELABORACIÓN

Empezamos con los aros de trufa. Laminamos la trufa con una mandolina bien afilada y colocamos las láminas superpuestas sobre una tira de papel siliconado de 18 cm de largo por 4 de ancho. Las pintamos con clara de huevo y colocamos la tira en el interior de un aro de metal de 6 cm de diámetro por 3 de altura. Reservamos.

Seguimos con la muselina de trufa blanca. En un cazo, llevamos la nata a ebullición y, a continuación, bajamos la temperatura hasta 80 °C. Añadimos la trufa, infusionamos durante 10 minutos y trituramos. Agregamos la goma xantana y trituramos nuevamente hasta que la preparación quede muy lisa. Ponemos a punto de sal, colamos y enfriamos. Una vez fría la preparación, incorporamos las claras y la introducimos en un sifón de litro con 2 cargas. Reservamos en un baño maría a 65 °C.

Colocamos el aro de metal en la salamandra o en el horno a muy baja temperatura y calentamos un poco la trufa negra untada con clara para que se adhieran las láminas. En la base del plato, servimos un poco de aceite de trufa, disponemos el aro de trufa encima y, en su interior, la muselina caliente de trufa blanca cubierta por unas láminas de trufa blanca. Retiramos el aro de metal y el papel siliconado, tapamos con una campana y, con la ayuda de una pipa mecánica, ahumamos el interior de la campana.

TANGO IN CALIFORNIA

Deliciosa combinación de café y nueces. Cocktail dulce y tostado.

INGREDIENTES

Espuma de nueces

2 cl de licor de nueces de California

1 café expreso

1 cl de licor Kahlúa

2 cl de sirope de vainilla Giffard

ELABORACIÓN

Coctelera

DECORACIÓN

Nueces chocolateadas y café en grano

TIPO DE COPA

Copa de cocktail

PREPARACIÓN

Batimos todos los ingredientes salvo la espuma en una coctelera con abundante hielo.

Servimos el cocktail en una copa helada.

Completamos el cocktail con la espuma de nueces.

Finalizamos con la decoración.

JORDI ROCA

Restaurante El Celler de Can Roca

3 Estrellas Michelin

SOUFFLÉ COULANT DE CHOCOLATE

INGREDIENTES

PARA EL BROWNIE

100 g de mantequilla

200 g de cobertura de chocolate al 70%

250 g de huevos

100 g de azúcar

80 g de harina

PARA EL HELADO DE JENGIBRE

570 g de leche

160 g de nata

100 g de azúcar

6 g de estabilizante

40 g de leche en polvo

50 g de dextrosa

50 g de azúcar invertido

20 g de jengibre licuado

PARA LA TEJA DE CHOCOLATE

100 g de mantequilla

100 g de azúcar glasé

75 g de claras

90 de harina

10 g de cacao en polvo

PARA LA ESPUMA DE CHOCOLATE CALIENTE

300 g de claras

400 g de cobertura de chocolate al 64%

200 g de nata

PARA EL CARAMELO DE CACAO

100 g de azúcar

50 g de glucosa

240 g de agua mineral

100 g de pasta de cacao

PARA EL NOUGAT DE CHOCOLATE

200 g de glucosa

200 g de isomalt

400 g de fondant

180 g de cobertura al 70%

PARA DECORAR

Habas de chocolate

ELABORACIÓN

Para hacer el brownie, mezclamos la mantequilla con la cobertura fundida. Aparte, montamos los huevos con el azúcar. En un bol, con ayuda de una espátula, mezclamos la mantequilla y el chocolate con los huevos y añadimos la harina tamizada espolvoreándola. Vertemos en un molde de 2 cm de grosor y horneamos durante 20 minutos a 160 °C. Una vez frío, con ayuda de un cortapastas, cortamos cilindros de 2 cm de diámetro.

Para hacer el helado de jengibre, calentamos la leche con la nata y el azúcar invertido hasta unos 70 °C. A continuación, mezclamos con el resto de ingredientes, excepto el jengibre licuado. Calentamos todo hasta 85 °C para que se pasteurice y, acto seguido, enfriamos rápidamente en un baño maría con agua y hielo. Dejamos reposar en la nevera 12 horas y, justo antes de turbinarlo, mezclamos con el jengibre licuado. Turbinamos y guardamos en el congelador a -18 °C.

Para hacer la teja de chocolate, trabajamos lentamente la mantequilla en pomada con el azúcar glasé en la batidora. Tamizamos la harina junto con el cacao en polvo. Para acabar la pasta, incorporamos, alternándolas, la harina y las claras hasta obtener una masa homogénea. En una hoja de PVC, recortamos rectángulos de 5 x 13 cm; colocamos la hoja sobre 1 lámina de Silpat o papel de horno y extendemos la pasta por encima con una espátula hasta dejar una capa fina. Retiramos la hoja y obtendremos rectángulos perfectos. Introducimos en el horno a 180 °C y horneamos 1 o 2 minutos, sacamos la galleta y, con ayuda de un molde cilíndrico, le damos forma de tubo.

Seguimos con la espuma de chocolate caliente. Hervimos la nata y la vertemos en un bol sobre la cobertura troceada. Removemos hasta obtener una crema homogénea y, después, incorporamos las claras con ayuda de unas varillas. Decantamos en un sifón y ponemos al baño maría a 50 °C.

Para el caramelo de cacao, mezclamos el azúcar, la glucosa y los 40 g de agua a 120 °C. Cuando alcance esta temperatura, incorporamos la pasta de cacao, mezclamos y añadimos los 200 g de agua restantes hasta obtener la densidad deseada (hay que tener en cuenta que frío tendrá más densidad).

Acabamos con el nougat. Para ello, ponemos a hervir en un cazo la glucosa con el fondant, añadimos el azúcar isomalt, mezclamos y dejamos que el caramelo cueza hasta que alcance 160 °C. En ese punto, detenemos la cocción y dejamos que enfríe hasta los 140 °C. Añadimos el chocolate, mezclamos, vertemos sobre un papel sulfurizado y, antes de que se acabe de enfriar, cortamos rápidamente a cuadros proporcionados. Para darle forma, colocamos uno de estos cuadrados en una bandeja de horno forrada con teflón o papel de horno, horneamos a 180 °C y, una vez fundido, retiramos. Cubrimos con otra hoja de teflón o papel de horno y alisamos con un rodillo. Sacamos la hoja y, antes de que se enfríe, cortamos y le damos forma de tulipán con las manos.

Para montar el plato, dibujamos una lágrima en el plato con el caramelo de cacao. En un extremo, colocamos un cilindro de brownie dentro del tubo de teja. En el otro, unas habas de cacao. Rellenamos el tubo con la espuma caliente de chocolate. Ponemos la flor de nougat sobre la espuma, una quenelle o bola de helado sobre las habas y servimos inmediatamente.

YOBAI

Frágil arquitectura de inspiración japonesa. Ligero, original, ideal para acompañar una puesta de sol.

INGREDIENTES

1 cápsula Grand Cru Espresso Leggero de Nespresso

4 ml de zumo de yuzu

10 ml de sirope

20 ml de vodka Grey Goose

30 ml de sake japonés

20 ml de tónica Schweppes

20 ml de limonada Schweppes

1 limón

ELABORACIÓN

Coctelera

TIPO DE COPA

Vaso largo

PREPARACIÓN

Pelamos el limón en forma de espiral.

Estiramos la piel de limón a lo largo del vaso y añadimos abundantes cubitos de hielo.

Preparamos un «Grand Cru Espresso Leggero» de Nespresso en una taza de expresso de 40 ml.

Vertemos la mitad del café (20 ml) junto al resto de ingredientes, excepto la tónica y la limonada, en una coctelera con ¾ partes de hielo.

Agitamos durante 15 segundos.

Lo servimos en el vaso con la piel de limón y añadimos los refrescos.

Removemos con suavidad con una cuchara de cocktail.

RICARDO SANZ
Restaurante Kabuki
1 Estrella Michelin

PASTA FRESCA
CON ERIZO

INGREDIENTES

calamar
erizo de mar
pulpa de tomate
wasabi
ralladura de lima
ralladura de naranja
aceite de oliva

ELABORACIÓN

Cortamos el calamar en tiras muy finas imitando los espaguetis.

Disponemos en un bol y añadimos un poco de ralladura de lima y de naranja para refrescar.

Suavizamos con aceite de oliva y disponemos encima una cucharada de pulpa de tomate.

Rematamos con 50 g de erizo de mar.

Servimos.

CHAMAN CRISTAL BALL

Aperitivo lleno de magia. Muy intenso, especiado y ahumado.

INGREDIENTES

4 gotas de Droplets Oak Smoke

4 gotas de Droplets Indian Spices

6 cl de vermut Martini Riserva Speciale Rubino

3 cl de whisky Dewar's White Label

2 cl de mezcal ahumado

ELABORACIÓN

Vaso mezclador

DECORACIÓN

Romero, grosellas y cítricos

TIPO DE COPA

Vaso bajo y ancho o esfera

PREPARACIÓN

Removemos los ingredientes en un vaso mezclador con abundante hielo.

Servimos el cocktail en un vaso con hielo troceado.

Finalizamos con la decoración.

PACO RONCERO

Restaurante La Terraza del Casino
2 Estrellas Michelin

ANCHOAS
CON ACEITUNA NEGRA Y ALBAHACA

INGREDIENTES

PARA LAS ANCHOAS EN SALAZÓN

4 anchoas en salazón
1 dl de aceite de oliva virgen

PARA EL TOMATE RALLADO

250 g de tomate rojo de ensalada
50 ml de aceite de oliva virgen
3 g de sal fina

PARA LA JULIANA DE ALBAHACA

10 hojas de albahaca fresca
25 ml de aceite de oliva virgen

PARA EL ACEITE DE ACEITUNAS NEGRAS

75 g de tapenade (pasta de aceitunas negras)
100 ml de aceite de oliva virgen

PARA LAS TOSTAS DE PAN DE CHAPATA

1 pan de chapata

OTROS

10 ml de vinagre Cabernet Sauvignon

ELABORACIÓN

Empezamos por las anchoas en salazón. Limpiamos de sal las anchoas dejándolas 1 hora en agua. Retiramos las escamas con la ayuda de los dedos pulgares cuidando de no rasgar la piel de los filetes. Quitamos la raspa central y las posibles espinas que queden con la ayuda de unas pinzas e introducimos los filetes de anchoa en el aceite de oliva virgen. Dejamos macerar 24 horas.

Una vez maceradas las anchoas, pasamos al tomate. Para ello, lavamos los tomates en agua fría y los partimos por la mitad. Los rallamos con la ayuda de un rallador grueso, los ponemos a punto de sal y emulsionamos con el aceite de oliva virgen. Reservamos en la nevera.

A continuación, cortamos las hojas de albahaca en juliana bien fina y las ponemos a macerar con el aceite de oliva. Reservamos en un recipiente tapado.

Para el aceite de aceitunas negras, mezclamos la pasta de aceitunas negras con el aceite de oliva virgen y reservamos en la nevera.

Antes de servir, cortamos la chapata longitudinalmente por la mitad y la tostamos por ambas caras. Untamos el tomate rallado sobre el pan recién tostado y colocamos encima los filetes de anchoa. Aliñamos las tostas con el aceite de aceitunas negras y unas gotas de vinagre Cabernet Sauvignon. Terminamos con la juliana de albahaca por encima de las anchoas.

FIREPLACE

Cocktail caliente, especiado, con notas de frutos secos y cacao.

INGREDIENTES

1 cucharadita de pimienta rosa
2 rodajas de naranja deshidratada
3 semillas de cardamomo
1 rama de canela
4 cl de agua caliente
3 cl de licor de cacao Giffard
6 cl de bourbon Maker's Mark

ELABORACIÓN

Vaso mezclador

DECORACIÓN

Cítricos, especias y un stick de azúcar cristalizado.

TIPO DE COPA

Copa tulipa

PREPARACIÓN

En un vaso mezclador calentamos y flambeamos los ingredientes.

Servimos en la copa.

Finalizamos con la decoración.

FRANCESC ROVIRA
Restaurante La Fonda Xesc
1 Estrella Michelin

CONEJO CON CIGALAS

INGREDIENTES

1 conejo
1 cebolla de Figueres
1 tomate maduro
½ pimiento rojo
2-3 brotes de romero fresco
1 vaso de vino rancio
aceite de oliva
grasa de pato
cigalas
2-3 patatas
sal gorda
1 taza de café

ELABORACIÓN

Cortamos el conejo en octavos, en trozos limpios. Reservamos la cabeza y el resto de huesos para la salsa.

Dejamos los cortes de conejo en sal gorda durante 1 hora, aproximadamente. Eliminamos la sal del conejo y secamos los cortes.

En una cazuela baja de hierro fundido marcamos el conejo por todos los lados con un poco de aceite. Una vez dorado, añadimos aceite y grasa de pato a partes iguales hasta cubrirlo. Añadimos también el romero y las patatas enteras y peladas, tapamos y cocinamos a fuego lento hasta que el conejo esté bien confitado (1 hora aproximadamente).

Mientras tanto, doramos en una cazuela la cabeza del conejo, el resto de los huesos, la cebolla, el tomate y el pimiento, todo cortado muy pequeño. Añadimos el vino rancio, un poco de agua y las cabezas de las cigalas. Dejamos que se haga unos minutos y, en el último momento, añadimos la taza de café. Colamos y reducimos hasta que adquiera la consistencia de una salsa.

Para servir, disponemos los cortes de conejo confitado y acompañamos con las patatas chafadas en el mortero o con un tenedor, unas cucharadas de salsa y 2 o 3 colas de cigala peladas que habremos salteado aparte en una sartén.

Si se prefiere, se puede servir el conejo deshuesado.

CHAMPS DE PROVENCE

Cocktail maduro, intenso, con notas florales y frutos rojos.

INGREDIENTES

6 gotas de Droplets Mediterranean Rosemary

0,5 cl de sirope de lavanda

1 cl de sirope de mora

6 cl de vermurt Martini Gran Lusso

5 cl de coñac Courvoisier VSOP

ELABORACIÓN

Vaso mezclador

DECORACIÓN

Cítricos y lavanda

TIPO DE COPA

Copa tulipa

PREPARACIÓN

Removemos los ingredientes en un vaso mezclador con abundante hielo.

Servimos el cocktail en una copa con hielo troceado.

Finalizamos con la decoración.

CARME RUSCALLEDA

Restaurante Sant Pau
3 Estrellas Michelin

CORNETES DE TARTAR DE PATO

INGREDIENTES

PARA EL TARTAR DE PATO

200 g de carne de magret de pato picada en brunoise (desestimar la grasa)

10 g de chalota cortada en brunoise

40 g de remolacha cortada en brunoise

10 g de mostaza antigua

10 g de aceite de oliva

PARA LA MAYONESA DE REMOLACHA

100 g de huevo

20 g de mostaza de Dijon

200 g de aceite de oliva

15 gotas de salsa de tabasco

60 g de jugo de remolacha

PARA LOS CORNETES FUCSIA

5 láminas de pasta brick

30 g de aceite de oliva virgen extra

80 g de jugo de remolacha

sal

pimienta

PARA DECORAR

pétalos de flores fucsia cultivadas para gastronomía

hojitas y flores de cordifole, cultivadas para gastronomía

ELABORACIÓN

Empezamos por el tartar. Mezclamos todos los ingredientes, afinamos de sal y pimienta y reservamos.

A continuación, pasamos a la mayonesa de remolacha. Trituramos todos los ingredientes con la batidora eléctrica hasta que emulsionen. Afinamos de sal y pimienta y reservamos en un biberón de cocina o manga pastelera con boquilla fina.

Por último, elaboramos los cornetes fucsia. Para hacerlos es necesario disponer de pequeños moldes en forma de cono, que forraremos por el exterior con papel de horno. Cortamos una hoja de pasta brick en 4 partes triangulares, mezclamos el aceite con el zumo de remolacha y pintamos cada triángulo de pasta brick por las dos caras. Enrollamos la pasta pintada alrededor del molde forrado y lo ponemos sobre una bandeja plana con 1 lámina de Silpat o papel de horno en el fondo. Horneamos a 100 °C durante 25 minutos. Dejamos enfriar y desmoldamos.

Colocamos en el fondo de cada cornete una hojita de cordifole para cerrarlos. Rellenamos con el tartar y coronamos con la mayonesa de remolacha. Añadimos un par de pétalos de flor y servimos inmediatamente.

CROSSROAD

Elegante, floral y con aromas herbales. Perfecto para saborear a media tarde.

INGREDIENTES

4 gotas de Droplets Orange Blossom Honey

2 gotas de Droplets Darjeeling Tea & Chamomile

4 hojas de albahaca

2 cl de zumo de lima

2 cucharaditas de azúcar

2 cl de clara de huevo

2 cl de licor de lichi Giffard

5 cl de vodka Grey Goose

ELABORACIÓN

Coctelera

DECORACIÓN

Lima deshidratada y anís estrellado

TIPO DE COPA

Copa cocktail

PREPARACIÓN

Batimos los ingredientes en una coctelera con abundante hielo.

Servimos el cocktail bien colado en una copa helada.

Finalizamos con la decoración.

PEDRO SUBIJANA

Restaurante Akelarre
3 Estrellas Michelin

POSTRE DE CÍTRICOS

INGREDIENTES

PARA EL MERENGUE DE BERGAMOTA

100 g de clara de huevo

25 g de azúcar

25 g de maltodextrina

10 gr de clara de huevo en polvo

5 g de ralladura de bergamota

PARA EL TOCINILLO DE YUZU

200 g de yema de huevo

1 cucharada sopera de ralladura de yuzu

40 g de azúcar

PARA LOS GRANOS DE MANDARINA

1 mandarina

20 g de licor Napoleón

1 cucharada sopera de goma xantana

4 flores de tagete

PARA LA CREMA DE AGUA DE AZAHAR

100 g de nata

10 g de agua de azahar

15 g de azúcar

5 g de caviar cítrico

PARA EL SORBETE DE RALLADURA DE PIEL DE MANO DE BUDA

85 g de zumo de limón

30 g de azúcar

10 g dextrosa

135 g de agua

30 g de procrema

10 g de azúcar

1 cucharada sopera de ralladura de mano de buda

PARA LA CREMA DE FLOR DE HIBISCUS

100 g de azúcar

300 g de agua

5 g de flor de hibiscus

1 cucharada sopera de Resource

PARA LAS FLORES DE PENSAMIENTO ESCARCHADAS

20 g de glucosa

20 g de clara de huevo

100 g de azúcar

4 flores de pensamiento

ELABORACIÓN

Empezamos por el merengue de bergamota. Incorporamos los ingredientes con una batidora de mano, montamos a máquina y estiramos fino sobre 1 lámina de Silpat o papel de horno. Marcamos con un cortapastas de 9 cm y retiramos el exceso de merengue.

Secamos en el horno a 90 °C durante tres horas. Reservamos.

Seguimos por el tocinillo. Mezclamos los ingredientes y envasamos al vacío. Cocemos sumergido en agua a 77 °C durante 10 minutos. Enfriamos, colamos y colocamos en una manga con boquilla muy fina, reservamos.

Para los granos de mandarina, sacamos los gajos a la mandarina y desgranamos su interior con cuidado de no romperlos. Añadimos la ralladura y reservamos. Ligamos el licor con la goma xantana y reservamos. Deshojamos el tagete y reservamos.

Para la crema de agua de azahar, mezclamos los ingredientes y los montamos con una varilla. Reservamos. Desgranamos el caviar cítrico y reservamos.

Seguimos con el sorbete de mano de buda. Ponemos al fuego los 30 g de azúcar junto con el agua y la dextrosa, subimos a 90 °C y retiramos del fuego. Bajamos la mezcla a 40 °C y añadimos el zumo. Incorporamos el resto del azúcar y la procrema, trituramos con una batidora de mano y montamos en la sorbetera. Una vez mantecado, agregamos la ralladura de mano de buda y reservamos.

Para la crema de flor de hibiscus, hacemos un caramelo rubio con el azúcar y la mitad de agua. A continuación, añadimos el resto de agua y la flor de hibiscus. Dejamos reducir a la mitad de su volumen y agregamos el Resource. Reservamos en un biberón.

Acabamos con las flores escarchadas. Templamos la glucosa e incorporamos la clara de huevo. Pintamos las flores con esta mezcla y pasamos por azúcar. Secamos en el horno 2 horas a 50 °C. Reservamos.

En un plato circular alternamos puntos de crema de hibiscus y tocinillo de cielo. Colocamos el merengue en medio. Con dos cucharillas pequeñas escudillamos una bolita de crema de azahar y ponemos encima el caviar cítrico. Colocamos sobre el merengue. Incorporamos el licor a los granos de mandarina y hacemos una bolita con las cucharillas. Cubrimos con los pétalos de tagete y colocamos sobre el merengue. Hacemos una bolita de helado, colocamos encima la flor de pensamiento y disponemos sobre el merengue.

JAM SESSION

Sabor tostado, profundo
y ligeramente amargo.

INGREDIENTES

2 cucharaditas de mermelada de naranja amarga

2 cl de zumo de limón

1 cucharadita de sirope de mandarina

1,5 cl de brandy de albaricoque

2,5 cl de vodka Grey Goose

8 cl de cerveza Mahou negra

ELABORACIÓN

Coctelera

DECORACIÓN

Naranja deshidratada

TIPO DE COPA

Copa Tulipa

PREPARACIÓN

Batimos todos los ingredientes excepto la cerveza en una coctelera con abundante hielo.

Servimos el cocktail en la copa.

Añadimos la cerveza y removemos con suavidad.

Finalizamos con la decoración.

MARIO SANDOVAL

Restaurante Coque
2 Estrellas Michelin

CEVICHE
DE LUBINA SALVAJE

INGREDIENTES

PARA LA LUBINA SALVAJE

40 g de lubina salvaje
20 g de zumo de limón
10 g de zumo de lima
1 cucharada sopera de cilantro
1 cucharada sopera de cebolla morada

PARA LAS PERLAS DE ACEITE DE OLIVA VIRGEN EXTRA

aceite de oliva virgen extra Mon Ermitage
isomalt

PARA EL CAVIAR DE LIMA

100 g de zumo de lima
90 g de agua
10 g de azúcar
6 g de agar agar

PARA LOS ÁTOMOS DE FRESA Y PEPINO

fresas
pepino

ELABORACIÓN

Limpiamos la lubina salvaje y sacamos los lomos. Una vez limpios, vamos sacando lascas finas y las colocamos en un bol. Añadimos en él los zumos de lima y de limón, el cilantro picado y la cebolla morada cortada en juliana fina. Dejamos macerar 15 minutos y emplatamos.

Para las perlas de aceite de oliva virgen extra, fundimos el isomalt en un cazo siguiendo las instrucciones del fabricante. A continuación, introducimos un cortapastas en el isomalt, y lo sacamos de manera que quede una fina película en el fondo. Con mucho cuidado, echamos una cucharada de aceite sobre la película de isomalt para que se forme una perla de aceite encapsulado. Reservamos.

Para el caviar de lima, mezclamos todos los ingredientes y, con la ayuda de una pipeta, echamos la mezcla gota a gota en un recipiente con aceite de girasol muy frío. Reservamos el caviar en zumo de lima con agua y azúcar.

Para los átomos de pepino y fresa, sacamos bolas de fresa y pepino con la ayuda de un sacabolas del número 10.

En un plato de pizarra ponemos un molde rectangular alargado y disponemos en él las lascas de lubina. A continuación, ponemos encima 2 bolas de pepino y de fresa, un poco de caviar de lima y las perlas de aceite de oliva virgen extra Mon Ermitage. Retiramos el molde y servimos.

DEAR PRUDENCE

Dulce, cremoso, con un suave y delicioso sabor a fresas.

INGREDIENTES

4 fresas maduras

4 cl de zumo de granada

1 cl de licor de chocolate blanco Mozart

2,5 cl de leche condensada

3,5 cl de vodka Grey Goose

ELABORACIÓN

Coctelera

DECORACIÓN

Virutas variadas de chocolate y cacao en polvo.

TIPO DE COPA

Copa tulipa

PREPARACIÓN

Batimos los ingredientes en una coctelera con abundante hielo.

Servimos el cocktail en una copa helada.

Finalizamos con la decoración.

PACO TORREBLANCA

Obrador Torreblanca

TATÍN DE PERA

INGREDIENTES

2 peras Williams

25 g de azúcar

10 g de miel de azahar

10 g de mantequilla

1 cucharada sopera de canela de Ceylán en polvo

PARA LA NATA MONTADA AZUCARADA

250 g de nata de 32% de m.g.

1 cucharada sopera de 5 especias chinas

25 g de azúcar moscovado

PARA EL MILHOJAS DE PASTA FILO

4 hojas de pasta filo

1 cucharada sopera de mantequilla

1 cucharada sopera de mezcla de 5 especias chinas

ELABORACIÓN

Pelamos las peras, las cortamos por la mitad y retiramos las semillas y el corazón. Las colocamos en una fuente de cristal y esparcimos encima el azúcar, la miel, la mantequilla y la canela. Cubrimos la bandeja con film de cocina y las cocemos en el microondas durante unos minutos. Dejamos enfriar. Las cortamos en láminas muy finas y llenamos con ellas moldes de silicona, tienen que estar superpuestas y muy apretadas. Dejamos enfriar sin desmoldar. Reservamos en frigorífico hasta el momento de emplatar.

Montamos la nata con las especias y el azúcar. Reservamos.

Disponemos una hoja de pasta filo y la pintamos por las dos caras con una capa fina de mantequilla. Espolvoreamos la cara superior con especias chinas y un poco de azúcar lustre, recubrimos con otra hoja de pasta filo pintada con mantequilla por ambas caras y espolvoreamos la superficie con especias y azúcar lustre. Repetimos la misma operación 2 veces más.

Disponemos sobre una lata de cocción una hoja de papel siliconado y colocamos encima las 4 hojas de pasta filo. Con ayuda de un cuchillo y una regla, cortamos piezas rectangulares de 9 x 5 cm. Cubrimos con 1 nueva hoja de papel siliconado, ponemos encima 1 lata de cocción y presionamos. Cocemos en el horno a 190 °C.

Desmoldamos el tatín de pera, esparcimos azúcar por la superficie y caramelizamos con un soplete o una salamandra. Los colocamos sobre un rectángulo de pasta filo caramelizado y acompañamos con una quenelle de helado de nata y un poco de nata montada azucarada. Decoramos con dos rectángulos más de filo.

JAMAICAN REGGAE

Intensa armonía de frutas tropicales con ron dorado. Una partitura caribeña.

INGREDIENTES

3 gotas de Droplets Oak Smoke
2 cl de semillas de maracuyá
2 cucharaditas de azúcar moreno
5 cl de puré de mango
10 cl de piña licuada
6 cl de ron Bacardí 8 años

ELABORACIÓN

Coctelera

DECORACIÓN

Hoja de bambú y lima deshidratada

TIPO DE COPA

Vaso de bambú o de cristal alto y ancho

PREPARACIÓN

Batimos los ingredientes en una coctelera con abundante hielo.

Servimos el cocktail en un vaso con hielo pilé.

Finalizamos con la decoración.

JORDI VILÀ
Restaurante Alkimia
1 Estrella Michelin

ATÚN CON PIMIENTO A LA VAINILLA Y OLIVAS NEGRAS

INGREDIENTES

2 trozos de atún de 150 g (cortados para tataki)

1 pimiento rojo

⅕ parte de vaina de vainilla o aceite esencial de vainilla

35 g de olivas de Aragón sin hueso

70 ml de aceite de oliva virgen

hojas de menta

15 ml de vinagre de vino tinto

5 ml de salsa de soja

1 lima

sal

pimienta

ELABORACIÓN

Escalibamos los pimientos, preferentemente a la brasa y, si no, en el horno. Los pelamos, les quitamos las semillas, los sazonamos y los metemos en el aceite mezclado con la vainilla. Cubrimos una bandeja de horno con papel de horno y disponemos encima los pimientos. Horneamos a 120 °C durante 40 minutos.

En un cazo, ponemos las olivas con el vinagre y la salsa de soja. Cuando empiece a hervir, lo apartamos del fuego y reservamos.

Marcamos el atún sazonado en una sartén con un poco de aceite. Tiene que quedar hecho por fuera y crudo por dentro.

En un plato, ponemos un poco de pimiento en la base, el atún encima y, a continuación, un poco más de pimiento. Acabamos con las olivas rotas, las hojas de menta y un par de cucharadas del aceite de vainilla de los pimientos después de hornearlos. Rematamos con una punta de ralladura de piel de lima.

THE JIGGERS

Intenso, especiado y con notas de fruta y té.

INGREDIENTES

3 clavos
3 estrellas de anís
½ rama de canela
1 cl de zumo de limón
1 cl de sirope de tamarindo
2 cl de sirope de moras
6 cl de zumo de pomelo
5 cl de ron Bacardí Superior Carta Blanca
5 cl de ron Bacardí 8 años

ELABORACIÓN

Coctelera

DECORACIÓN

Frutas y especias

TIPO DE COPA

Copa de cocktail

PREPARACIÓN

Maceramos las especias en el ron dorado a temperatura ambiente durante 6-8 horas. Pasado este tiempo colamos el ron y las retiramos.

Batimos todos los ingredientes en una coctelera con abundante hielo.

Servimos el cocktail en un recipiente con abundante fruta fresca y especias y dejamos reposar 10 minutos en la nevera.

Servimos el cocktail con dos copas.

HERMANOS TORRES

Restaurante Dos Cielos
1 Estrella Michelin

CEVICHE
DE VIEIRA

INGREDIENTES

4 vieiras

maíz liofilizado

6 dados pequeños de coco verde

fresitas del bosque

lágrimas de cítricos de temporada

pasta de ají amarillo

láminas de manzana roja

cilantro

PARA EL SORBETE DE YUZU

1590 g de agua

240 g de azúcar

300 g de glucosa en polvo

300 g de dextrosa

180 g de maltodextrina

15 g de estabilizante neutro para sorbetes

30 g de ácido cítrico

660 g de zumo de yuzu natural

PARA EL ZUMO DE NARANJA SANGUINA

150 g de zumo de naranja sanguina

2 g de pasta de ají amarillo

40 g de zumo de lima

ELABORACIÓN

Mezclamos los ingredientes secos y, a continuación, los vertemos en el agua a 40 °C y llevamos a ebullición. Enfriamos a 4 °C y añadimos el zumo de yuzu natural. Dejamos madurar durante 6 horas y pasamos por la heladora.

Para las lágrimas de cítrico, separamos y limpiamos gajos de los cítricos que hayamos elegido y los pasamos por nitrógeno líquido.

Envasamos al vacío las vieiras con infusión de hibiscus y las dejamos macerar durante 6 horas.

En un plato llano situamos en el centro lágrimas de cítrico y añadimos alrededor 5-6 granos de maíz liofilizado, brunoise de coco verde y 3-4 fresitas del bosque. Sobre las lágrimas, disponemos una pequeña quenelle de sorbete de yuzu y terminamos con láminas de vieira, 3-4 láminas de manzana roja y unas briznas de cilantro fresco. Mezclamos el zumo de naranja sanguina con la pasta de ají amarillo y el zumo de lima y rociamos el conjunto anterior con la mezcla. Añadimos pasta de ají amarillo y cilantro.

MARIDAJES POR LOS CHEFS DE LA COCINA DEL DRY MARTINI

Y

LOLA FLORES

INGREDIENTES

1 dátil
1 tosta de pan integral
1 anchoa

ELABORACIÓN

Deshuesamos los dátiles, los ponemos entre 2 papeles de horno y los estiramos con un rodillo hasta obtener una lámina fina.

Cortamos la lámina de dátiles al mismo tamaño que la tostada y escurrimos la anchoa de su aceite.

Sobre un plato, ponemos la tostada, la cubrimos con el dátil y terminamos con la anchoa.

DRY MARTINI FRAPPÉ

Nuestro Dry Martini más helado.

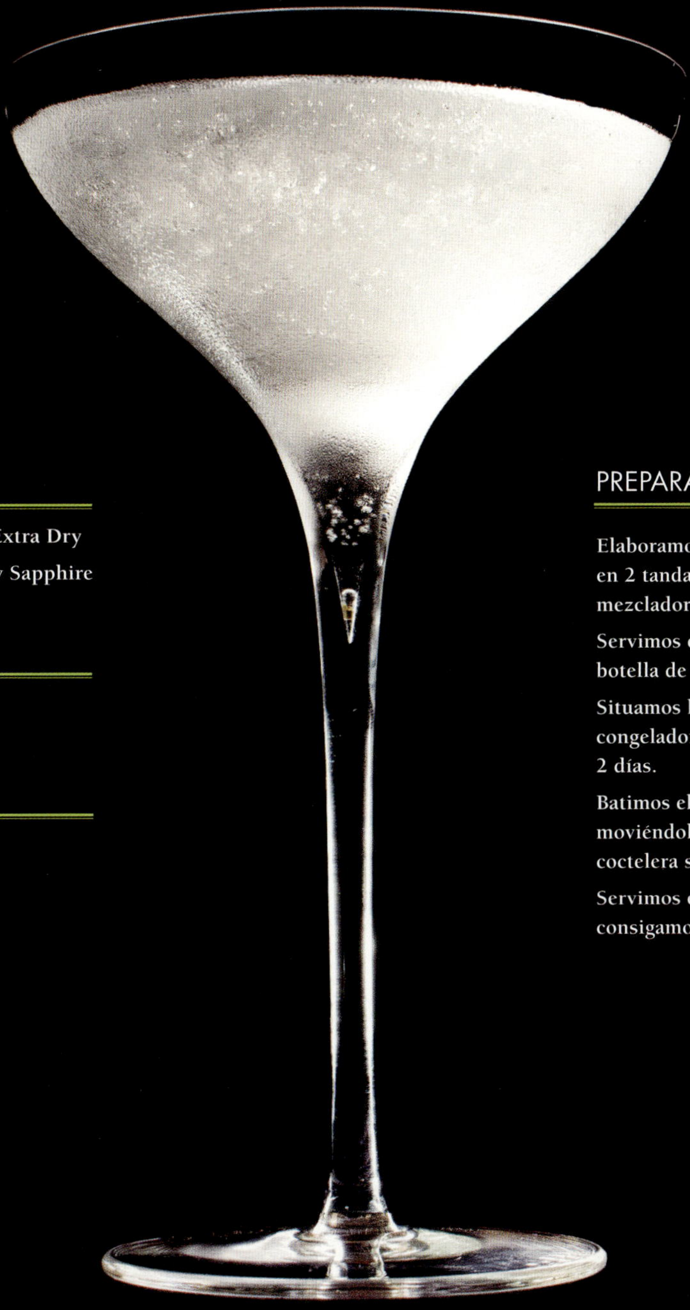

INGREDIENTES

1 cl de vermut Martini Extra Dry

35 cl de ginebra Bombay Sapphire

ELABORACIÓN

Vaso mezclador

TIPO DE COPA

Copa Martini

PREPARACIÓN

Elaboramos un gran Dry Martini en 2 tandas utilizando el vaso mezclador.

Servimos el cocktail en una botella de cristal que cierre bien.

Situamos la botella en un congelador a -20 grados durante 2 días.

Batimos el cocktail en la botella moviéndola como si de una coctelera se tratara.

Servimos el cocktail cuando consigamos una textura frappé.

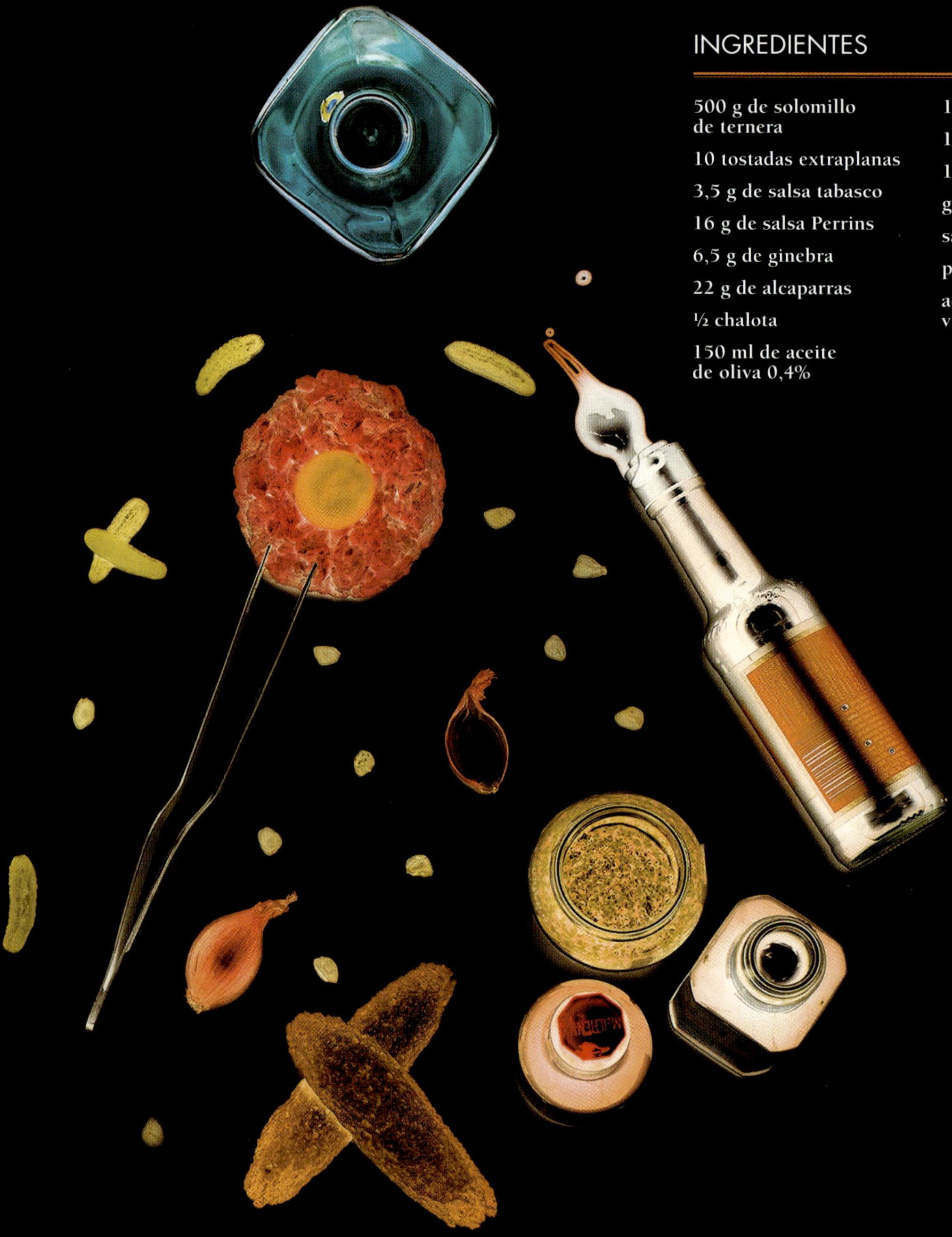

INGREDIENTES

500 g de solomillo de ternera

10 tostadas extraplanas

3,5 g de salsa tabasco

16 g de salsa Perrins

6,5 g de ginebra

22 g de alcaparras

½ chalota

150 ml de aceite de oliva 0,4%

16 g de mostaza

1 yema de huevo

1 anchoa

goma xantana

sal

pimienta

aceite de oliva virgen extra

ELABORACIÓN

Trituramos las alcaparras con la ginebra, la anchoa y la mostaza. Cuando esté bien triturado, añadimos el aceite suave y un poco de goma xantana. Ligamos la salsa y reservamos.

Picamos la carne a cuchillo y, a continuación, la aliñamos con sal, pimienta, tabasco, salsa Perrins, chalota picada, una yema de huevo cruda y, por último, la salsa que acabamos de preparar.

Con la ayuda de 2 cucharas soperas formamos una quenelle y la ponemos sobre una tostada extraplana con un poco de aceite y sal.

STEAK TARTAR

MADRÁS FRAPPÉ

Martini de gran fortaleza con intenso sabor a pimienta y especias.

INGREDIENTES

1 cl de vermut Martini Extra Dry

20 gr de mix de pimientas: negra, rosa, Jamaica y Sechuán

35 cl de ginebra Bombay Sapphire

ELABORACIÓN

Vaso mezclador

TIPO DE COPA

Copa Martini

PREPARACIÓN

Elaboramos en 2 tandas un gran cocktail con los ingredientes, salvo las pimientas.

Servimos el cocktail en una botella de cristal que cierre bien.

Añadimos el mix de pimientas y dejamos macerar el cocktail durante 5 días.

Filtramos con un colador muy fino y volvemos a embotellar. Situamos la botella en un congelador a -20 °C durante 2 días.

Batimos el cocktail en la botella moviéndola como si de una coctelera se tratara.

Servimos el cocktail cuando consigamos una textura frappé.

ATÚN EN TEMPURA
CON ESPUMA DE WASABI

INGREDIENTES

1 kg de lomo de atún
1 paquete de alga nori
170 g de agua con gas
3,3 g de sal
110 g de harina «fluide»
0,3 g de levadura química
135 g de mayonesa
1/3 de tubo de pasta de wasabi
goma xantana
sal Maldon
salsa teriyaki
aceite de oliva

ELABORACIÓN

Limpiamos el lomo de atún y lo troceamos en rectángulos de unos 13 centímetros de largo y 3 centímetros de grosor.

Para la espuma de wasabi, mezclamos bien la mayonesa con la pasta de wasabi y un poco de goma xantana para darle textura. Introducimos la mezcla en un sifón con 2 cargas y reservamos.

Para la tempura, mezclamos con varillas el agua con gas, la harina y la levadura. Reservamos. Envolvemos cada rectángulo de atún con un trozo de alga nori, los bañamos en la mezcla de tempura y los freímos bien en aceite de oliva. Escurrimos sobre un papel absorbente de cocina para eliminar el exceso de grasa y cortamos las puntas para que se vea el interior.

En un plato liso situamos a un lado los rollos de atún y al otro la espuma de wasabi. Acabamos con un poco de sal Maldon y unas gotas de salsa teriyaki.

WASABI FRAPPÉ

INGREDIENTES

1 cl de vermut Martini Extra Dry

10 gr de wasabi rallado

35 cl de ginebra Bombay Sapphire

ELABORACIÓN

Vaso mezclador

TIPO DE COPA

Copa Martini

PREPARACIÓN

Preparamos con el vermut y la ginebra un gran Dry Martini.

Servimos el cocktail en una botella de cristal que cierre bien.

Añadimos el wasabi y maceramos el cocktail durante 5 días.

Filtramos con un colador muy fino y volvemos a embotellar.

Situamos la botella en el congelador a -20 ºC durante 2 días.

Batimos el cocktail en la botella moviéndola como si de una coctelera se tratara.

Servimos el cocktail cuando consigamos una textura frappé

FOIE-GRAS POÊLE

INGREDIENTES

1 medallón de foie
(100 g aprox.)

10 g de crema de vinagre de Módena

30 g de bizcocho de naranja

mantequilla clarificada

flores comestibles

ELABORACIÓN

Marcamos el medallón de foie en una sartén antiadherente. Escurrimos el exceso de grasa y reservamos en caliente.

Aparte, cortamos el bizcocho en cubos y los salteamos con un poco de mantequilla clarificada hasta conseguir un dorado bonito. Reservamos.

En el fondo de un plato, disponemos unos puntos de crema de vinagre de Módena y ponemos un trozo de bizcocho de naranja sobre cada uno de ellos. Ponemos el medallón de foie y acabamos con un poco de sal gorda y alguna flor comestible.

XIMZ FRAPPÉ

Dry Martini Frappé vestido de cremoso Pedro Ximénez de 30 años y piel de naranja.

INGREDIENTES

1 cl de vermut Martini Extra Dry
10 cl de Pedro Ximénez 30 años
la piel de ½ naranja rallada
35 cl de ginebra Bombay Sapphire

ELABORACIÓN

Vaso mezclador

TIPO DE COPA

Copa de Martini

PREPARACIÓN

Elaboramos en 2 tandas un gran cocktail con todos los ingredientes, salvo la naranja rayada.

Servimos el cocktail en una botella de cristal que cierre bien.

Añadimos el Pedro Ximénez, la piel de naranja y maceramos el cocktail durante 5 días.

Filtramos con un colador muy fino y volvemos a embotellar.

Situamos la botella en el congelador a -20 ºC durante 2 días.

Batimos el cocktail en la botella moviéndola como si de una coctelera se tratara.

Servimos el cocktail cuando consigamos una textura frappé.

CARPACCIO
DE CARN D'OLLA

INGREDIENTES

150 g de zanahorias
60 g de apio
150 g de puerros
3 kg de pies de cerdo
20 g de sal gorda
10 ml de aceite de oliva
360 g de pechugas de pollo
150 g de butifarra negra
150 g de butifarra blanca
6 l de agua
450 g de patatas grandes
2,5 g de agar agar por cada litro de caldo
1 escarola
10 tiras de pan tostado extraplano
reducción de vinagre de Módena

ELABORACIÓN

Quemamos con un soplete los pies de cerdo para eliminar el vello y cualquier otra impureza y los blanqueamos. Para ello, los introducimos en una olla con agua y, cuando esta empiece a hervir, los dejamos 5 minutos y los retiramos. Repetimos el proceso 3 veces y reservamos.

En otra olla, ponemos las zanahorias, el apio y los puerros limpios y troceados, los pies de cerdo blanqueados, la sal gorda, un poco de aceite y lo cubrimos de agua. Cuando empiece a hervir el agua, añadimos las pechugas de pollo y las butifarras. Dejamos que se cuezan y las retiramos.

Con la ayuda de la mandolina cortamos lonchas muy finas de patata, puerro y zanahoria, y las cocemos en una olla aparte con un poco del agua de cocción de la olla principal.

Cuando los pies de cerdo estén hechos, los retiramos, los dejamos enfriar y los deshuesamos. Forramos una terrina con film transparente de cocina y empezamos a montarla de la siguiente manera: forramos las paredes y el fondo con las lonchas finas de puerro cocido, a continuación, cubrimos el fondo con pies de cerdo y, sobre estos, ponemos una capa de patata. Sobre la patata, hacemos una nueva capa mezclando trozos de butifarra blanca y negra, que cubrimos con una capa de zanahoria. Terminamos con otra capa de pies de cerdo y cerramos con los extremos de los puerros.

Introducimos la terrina en una bolsa de cocción y la cerramos al vacío. La ponemos en el horno a vapor a 100 ºC durante 30 minutos. Dejamos enfriar y congelamos la terrina para que sea más fácil de cortar.

En un plato llano servimos 1 loncha de carpaccio acompañada de un poco de escarola, 1 rebanada de pan tostado y un toque de vinagre de Módena.

APPLE SPICY MARTINI

Muy agradable, sedoso, con definido sabor a manzana y picante final.

INGREDIENTES

2 gotas de Droplets Red Hot Chili
1 cl de zumo de lima
6 cl de sorbete de manzana verde
4 cl de ginebra Bombay Sapphire

ELABORACIÓN

Coctelera

TIPO DE COPA

Copa Martini

PREPARACIÓN

Batimos los ingredientes en una coctelera con abundante hielo.

Servimos el cocktail en una copa helada.

VIEIRA CON CURRY
Y MINIVERDURITAS

INGREDIENTES

50 g de carne de vieira
40 g de leche de coco
3 g de pasta de curry rojo
15 g de minicalabacín
15 g de minizanahoria
10 g de tomate cherry
15 g de romanesco
aceite de oliva
sal

ELABORACIÓN

Marcamos la vieira a la plancha con un poco de aceite y sal. Reservamos.

En un cazo pequeño, calentamos la leche de coco con la pasta de curry rojo hasta que hierva.

En una olla con agua, hervimos las miniverduritas excepto el tomate cherry. A continuación, salteamos todas las verduras con un poco de aceite.

Al fondo de un plato, ponemos la leche de coco. Situamos la vieira en el centro y disponemos a su alrededor las miniverduritas salteadas. Acabamos con un poquito de aceite y sal gorda.

COCONUT MARTINI

Casi un postre de intenso coco.

INGREDIENTES

5 cl de puré de coco
3 cl de licor de coco
4 cl de vodka Grey Goose

ELABORACIÓN

Coctelera

TIPO DE COPA

Copa de Martini

PREPARACIÓN

Batimos los ingredientes en una coctelera con abundante hielo.

Servimos el cocktail en una copa helada.

CEVICHE

INGREDIENTES

400 g de mero

80 g de cebolla morada

40 g de pimiento verde

80 g de zumo de limón y lima

40 g de mango

40 g de aguacate

12 g de ají amarillo en pasta

sal

pimienta

aceite

8 hojas cilantro fresco

ELABORACIÓN

Maceramos en un bol el mero cortado a daditos con el zumo de limón y lima, sal, pimienta, un poco de aceite y el ají amarillo en pasta. Reservamos.

Para la guarnición, cortamos el pimiento verde y la cebolla morada en juliana muy fina, y picamos el mango y el aguacate.

En un plato hondo, cubrimos la base con el pescado macerado y su jugo, decoramos con la guarnición y acabamos con 1 o 2 hojas de cilantro frescas.

CARNYVORE

Frutas del trópico, pisco peruano y flor de pimienta de Sechuán. Intenso sabor y marcada sensación eléctrica en nuestro paladar. Se sirve en una flor carnívora.

INGREDIENTES

2 gotas de Droplets Hot Chili Pepper
1 flor Venus
7 flores de pimienta de Sechuán
2 cl de puré de fresa
2 cl de zumo de lima
2 cl de zumo de maracuyá
2 cl de puré de papaya
5 cl de pisco peruano

ELABORACIÓN

Batidora eléctrica

DECORACIÓN

Azúcar moreno

TIPO DE COPA

Flor Venus

PREPARACIÓN

Batimos los ingredientes en una batidora eléctrica durante 1 minuto.

Servimos el cocktail en una botella de cristal que cierre bien y la refrigeramos a 2 °C aproximadamente.

Disponemos la flor en una copa sobre una base de azúcar moreno para que se mantenga vertical. Servimos en ella el cocktail.

CALAMAR
RELLENO CON MOLE

INGREDIENTES

10 calamares (de 100-150 g cada uno)

500 g de carne picada de cerdo

500 g de carne picada de ternera

150 g de cebolla picada

350 g de tomate picado

150 g de harina

500 ml de leche

sal

pimienta

aceite de oliva

70 g de cacao en polvo

400 g de sofrito de tomate y cebolla

caldo de pescado o bullabesa

ELABORACIÓN

Limpiamos los calamares y separamos las patas y las alitas del cuerpo.

En una olla con aceite de oliva doramos la carne picada. Reservamos. En la misma olla pochamos la cebolla y, a continuación, añadimos el tomate. Cuando esté bien pochado, añadimos las patas y las alas de calamar picadas. Le damos un par de vueltas y añadimos la carne picada que habíamos reservado. Añadimos también la harina y la trabajamos un poquito. A continuación, añadimos leche hasta conseguir la textura que deseemos. Añadimos sal y pimienta al gusto y reservamos.

Para el mole, mezclamos el sofrito de cebolla y tomate con el cacao en polvo y lo ponemos al fuego. Reservamos.

Rellenamos los cuerpos de calamar con la farsa y los cerramos con un palillo. A continuación, los freímos en un poco de aceite y los reservamos. En una olla limpia añadimos un caldo de pescado y cocinamos en él los calamares. Dejamos enfriar y, a continuación, introducimos los calamares en una bolsa al vacío con un poco de salsa y los congelamos.

Para emplatar, calentamos los calamares con su salsa en una sartén. Calentamos también el mole y hacemos una lágrima sobre el plato. Situamos encima el calamar caliente.

SHARON STONE

Un intenso y delicioso homenaje al chocolate. Una creación femenina, seductora y con mucha personalidad.

INGREDIENTES

3 cl de chocolate líquido
1 cl de vodka de chocolate Pancracio
1,5 cl de licor Grand Marnier amarillo
7 cl de licor Mozart Gold

ELABORACIÓN

Coctelera

DECORACIÓN

Piel de naranja rallada

TIPO DE COPA

Copa de Martini

PREPARACIÓN

Batimos los ingredientes en una coctelera con abundante hielo.

Servimos el cocktail en la copa helada.

COCHINILLO CON PURÉ
DE MANZANA Y PIÑA ANISADA

INGREDIENTES

4,5 kg de cochinillo
2 dientes de ajo
15 hojas de laurel
sal
pimienta
aceite de oliva 0,4%
300 g de piña
45 g de anís estrellado
400 g de manzana golden
100 g de azúcar
70 ml de coñac Magno
150 g de almíbar
sal Maldon
aceite de oliva virgen extra

ELABORACIÓN

Troceamos el cochinillo y lo salpimentamos. Introducimos los trozos en una bolsa de vacío con un poco de aceite oliva, las hojas de laurel y los dos dientes de ajo. Envasamos al 100 % y ponemos en el horno a vapor a 80 °C durante 12 horas. Pasado este tiempo, deshuesamos la carne y reservamos los jugos.

Pasado este tiempo, deshuesamos el cochinillo e introducimos la carne en un molde para hacer una terrina. Dejamos enfriar toda la noche en la nevera con peso.

Cortamos la piña a dados y la envasamos con un poco de almíbar y un poco de anís estrellado.

Para el puré de manzana, pelamos la fruta, le quitamos el corazón y la salteamos en una sartén con azúcar. Cuando esté dorada, flambeamos con un poco de coñac y la trituramos hasta que quede bien fina.

Cortamos la tarrina de cochinillo en cubos los cubrimos con un poco de mantequilla y los doramos en el horno a 240 °C durante 13 minutos.

Sobre un plato hacemos un círculo con los jugos del cochinillo y ponemos la carne en el centro. Hacemos cinco puntos de puré alrededor del círculo y, sobre cada uno de ellos, ponemos un dado de piña. Terminamos con un poco de sal Maldon, pimienta y aceite de oliva virgen extra.

PASSION BRÛLÉE

Cremoso, intenso y afrutado. Un cocktail de cuchara para degustar pausadamente.

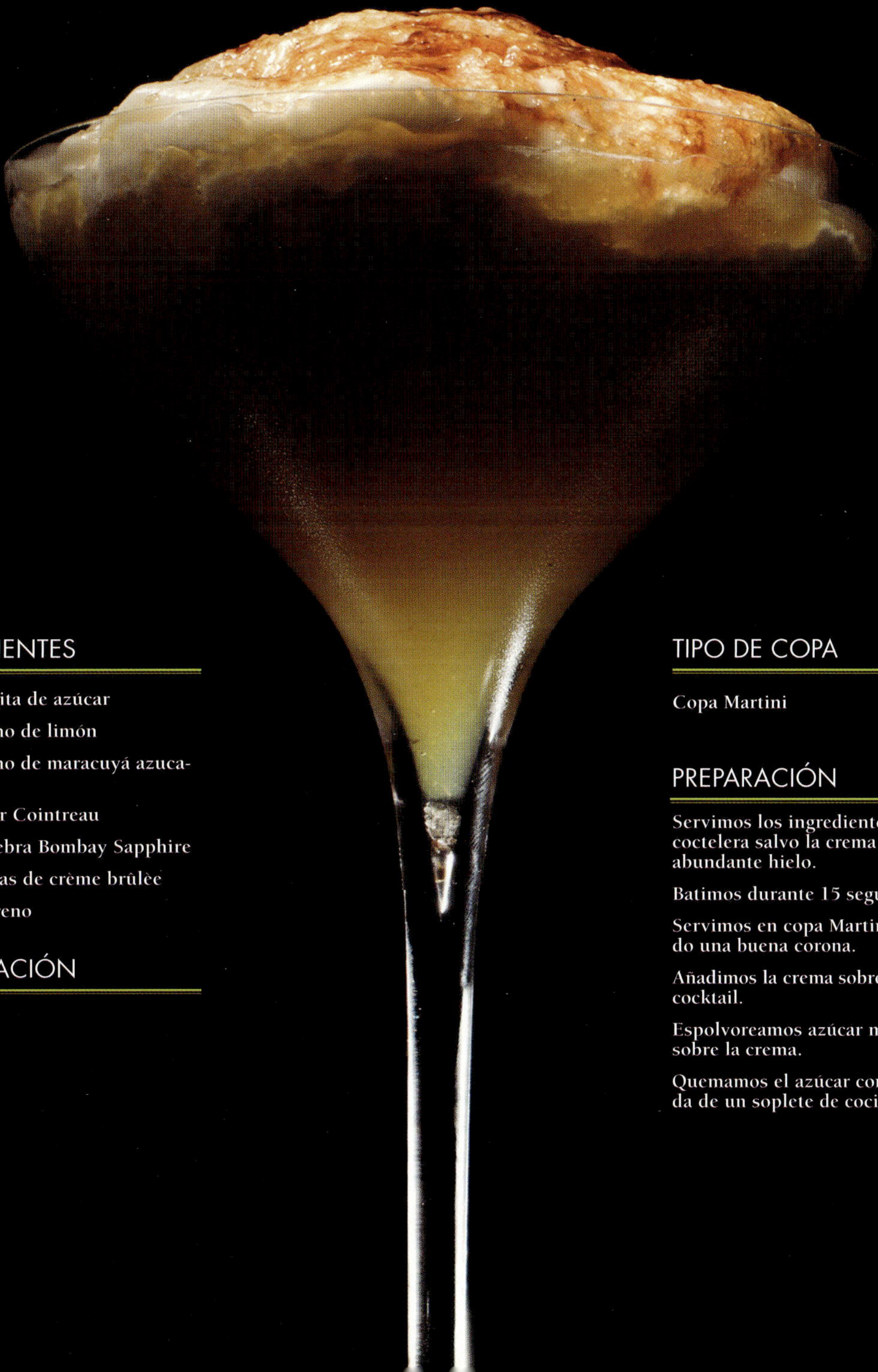

INGREDIENTES

1 cucharadita de azúcar

2 cl de zumo de limón

5 cl de zumo de maracuyá azucarado

2 cl de licor Cointreau

2 cl de ginebra Bombay Sapphire

3 cucharadas de crème brûlée

azúcar moreno

ELABORACIÓN

Coctelera

TIPO DE COPA

Copa Martini

PREPARACIÓN

Servimos los ingredientes en la coctelera salvo la crema con abundante hielo.

Batimos durante 15 segundos.

Servimos en copa Martini dejando una buena corona.

Añadimos la crema sobre el cocktail.

Espolvoreamos azúcar moreno sobre la crema.

Quemamos el azúcar con la ayuda de un soplete de cocina.

LAS FOTOS DETRÁS DE LAS FOTOS

CHEFS & RECETAS A/Z

COCKTAILS A/Z

AGRADECIMIENTOS

Mi primer y más sincero agradecimiento va hacia todos los chefs que han colaborado para que este libro fuera posible. Gracias por vuestro cariño y generosidad.

Pido perdón a los que me habría gustado que participaseis pero no estáis. Es culpa mía y del limitado número de páginas.

En la realización de este libro he contado con un equipo único, fantástico, sin cuya clarividencia, entusiasmo, entrega y cariño esto no habría sido posible: Antonia Kerrigan, mi amiga y agente literaria; David Figueras, mi excelso y pausado editor; Gerard Acereda, mi mano mágica marcando el ritmo musical de cocteleras, vasos mezcladores y mucho más; el imponente Vicens Gimenez, con su arte fotográfico; Maya Rolando, con sus mimados diseños y maquetaciones; nuestro maravilloso equipo de cocina de Speakeasy a los fogones; y Gema Moraleda e Isabel Jané en variados frentes.

Todos ellos comprendieron la partitura que deseaba crear y han liderado un numeroso equipo bajo la bandera Dry, que ha entregado calidad, horas y más horas.

Complicidad, sonrisas y ánimo han presidido este proyecto.

Gracias a todos por vuestra paciencia conmigo.

Gracias también a todas las compañías que han creído en mí, que apoyan mis proyectos y con las que llevo años recorriendo camino: Grupo Mahou San Miguel, Bacardi Martini, Nespresso, Freixenet, Schweppes, Mumm, Frit Ravich, Meliá, Starwood, Eurostars, Paradores, Sosa, Four Seasons, Monument, Canels y Hilton.

Con este libro he querido rendir homenaje y mostrar mi agradecimiento a todos aquellos que forman parte de mi imaginario gastronómico y a todos los que aman la cultura del servicio. A esos profesionales que buscan sin descanso la inalcanzable excelencia, lo positivo de cualquier bar, restaurante u hotel, a sabiendas de que lo importante es el momento que vivimos con nosotros mismos, con nuestra pareja, familia o amigos, nuestros seres queridos.

Quienes amamos servir a los demás sabemos que la sencillez de nuestros actos y la humildad son el mejor modo de atender desde nuestro conocimiento.

Gracias a mis Maestros.

Gracias a todo mi equipo, a los que están y a los que no están.

De todos he aprendido y aprendo.

Este libro es un homenaje a dos grandes amigos que decidieron que les necesitaban en otros lugares.

A Carlos Rolando, con quien compartí durante 34 años ideas y sueños, que tanto aportó a mi proyecto, que fue el suyo, y con quien inicié este libro. Tu sonrisa y guiño de complicidad me acompañan siempre. Tu hija Maya, tu discípula favorita, continúa tu obra. Gracias, muchas gracias, Carlos.

A Ricardo García-Nieto, bondad, señorío, conocimiento y entrega a lo largo de mi vida. Tantos momentos compartidos. Tus palabras y sabios consejos siguen conmigo, arropándome. Sé que ahí arriba en el cielo con tu sonrisa dulce e inteligente, sigues velando por los tuyos. Gracias, muchas gracias, Ricardo.

«Este libro es una partitura, como la propia vida».

JAVIER DE LAS MUELAS, 2016